Le français en gros plans

·················

cours vidéo

RENÉE BIRKS
Université de Glasgow

RAYNALLE UDRIS
Université de Middlesex

CHARMIAN O'NEIL
École Normale Supérieure Fontenay/Saint-Cloud

Les auteurs tiennent à remercier Danièle Moore (École Normale Supérieure Fontenay/Saint-Cloud) pour sa contribution aux travaux de mise au point des exercices d'accompagnement et pour sa participation au tournage.

Ce cours a été expérimenté pendant plusieurs années dans des contextes divers. Nous remercions avant tout les étudiants et les enseignants de l'Université de Glasgow qui ont utilisé ce cours pendant quatre ans. Nous remercions également les enseignants de l'Université de Middlesex, Alistair Blyth de l'Université de Stirling et les enseignants du centre de langues de l'Université de Genève, ainsi que leurs étudiants. Sans oublier Jeanne Lacroix et ses élèves du centre de formation continue de l'université de Glasgow. Ils ont tous également participé à l'expérimentation de ce cours pendant des périodes plus ou moins longues. Leur apport a été des plus précieux.

L'élaboration du cours, y compris les tournages et la réalisation des cassettes vidéo, a été rendue possible grâce à l'appui de l'EA 461 "CRÉDIF" et au soutien des Bureaux de Coopération Linguistique et Culturelle de Londres et de Glasgow. Les auteurs expriment en particulier leur gratitude à Daniel Coste, alors directeur du CRÉDIF à l'École Normale Supérieure de Fontenay/Saint-Cloud, ainsi qu'à Jacques-Michel Lacroix, Edwige Girardin et Chrystel Hug des Services culturels de l'Ambassade de France en Grande-Bretagne.

Sans le professionalisme et la bonne volonté à toute épreuve de Jean-Claude Durand (ENS Productions), les tournages, très étalés dans le temps, réalisés en différents lieux (Paris, Marne-la-Vallée, Lyon, Saint-Cloud) n'auraient pas été possibles, les auteurs lui doivent une reconnaissance éternelle.

Les auteurs expriment leur gratitude à tous ceux qui ont accepté, avec tant de bonne volonté et de gentillesse, de participer aux tournages : Azouz Begag, Alain Duval, Catherine Fabreguette, Christèle Garabédian et Manon, Pricila Harel, Catherine Laurent, Daniel Laurent, la monitrice et l'étudiante, Mathieu O'Neil, Josette Rey-Debove, James Steel et Bertrand Tavernier, Olivier-René Veillon ; le conseiller d'orientation et Virginie, la monitrice et l'étudiante, ainsi que les étudiants Maud Arribat, Anaïck Bévière, Éric Bonnet, Nedjma Bourennani, Audrey Boussemart, Léo Boy, Olivier Danay de Marcillac, Emmanuel Delphin, Paolo Ferreira, Hervé Gaudin, Annick Hélary, Patrice Hérault, Hervé Le Duff, Delphine Lebreuilly, Karine Loseille, Sandra Lusardi, Odette Pereira, Sylvain Pilhon, Ramata Sall, Romain Soulier, Malik et Vanessa. Sans eux, le cours n'existerait pas.

RÉALISATION VIDÉO : Jean-Claude Durand, ENS Production
IMAGES D'ÉCRAN : Écoutez voir
COUVERTURE : Nelly Benoit
CARTES : Jean-Louis Goussé
CONCEPTION MAQUETTE ET MISE EN PAGE : Nelly Benoit

TABLE DES MATIÈRES

Unités	Séquence vidéo	Lexique	Grammaire	Manières de dire	Textes de lecture
1. Apprenants et apprentissage	1. Étudier les langues 1'50 2. La meilleure façon d'apprendre ? 3'05 3. Contrôle continu ou examen ? 1'30	• Les cours • Les examens et le contrôle continu • L'apprentissage des langues	A. La comparaison B. Le présent C. L'impératif D. L'expression de la durée	• Les amorces et enchaînements • La langue parlée : chute du **ne** et du sujet	Test : Où sont vos atouts ?
2. Les mots et les dictionnaires	**A.** Les dictionnaires monolingues : 1. Un outil d'apprentissage 2'35 2. Les mots qui posent des problèmes 1'40 3. Les mots qui changent 2'40 4. Promenade d'un mot à l'autre 1'15 (J. Rey-Debove) **B.** Les dictionnaires bilingues 1'40 (A. Duval)	• Les niveaux de langue • La prononciation • Les mots • Les sigles • Les mots tronqués	A. La métalangue B. Les temps du passé C. Les pronoms relatifs	• Les articulateurs • Présenter ce que l'on dit de façon vivante	• "Du participe passé" - Cavanna, *Mignonne allons voir si la rose* • "Le dictionnaire-oreiller" - Tahar Ben Jelloun, *Les Yeux baissés*
3. Lire pour apprendre	**A.** Lire pour apprendre 1. Diverses façons de lire 2'25 2. Préférences personnelles et conseils de lecture 3'55 3. Souvenirs de lecture 1'05 **B.** Il était une fois... 5'55 (Manon et Christèle)	• La presse (quotidiens : nationaux, régionaux / hebdomadaires / les rubriques / les types de publication) • Les livres (les manières de lire / les romans / les genres d'écrits)	A. L'imparfait et le passé composé B. Le passé simple	• Exprimer un goût, une préférence • Les marques de l'oralité • La langue des contes d'enfant	• "Plaisir de lire" - Dorothée Letessier, *Le voyage à Paimpol* • "Apprendre à lire" - Marcel Pagnol, *La gloire de mon père*
4. Les nouvelles technologies	1. L'université de Marne-la-Vallée 2'30 (D. Laurent) 2. Le centre de visioconférence 1'35 (C. Fabreguette) 3. Un exemple de CD Rom 3'10 (monitrice et étudiante)	• Les nouvelles technologies • Le traitement de texte • Internet et la toile	A. la notion de futur B. Les prépositions	• Se reprendre / se corriger • Donner des instructions orales • Donner des consignes écrites	• "Le télétravail de l'avenir" - Maurice Dantec, *Là où tombent les anges* • Quelques adresses francophones pour naviguer sur Internet
5. Financer ses études	1. Le travail de Malik 1'50 2. Les bourses et les petits boulots 5'25 3. Le travail d'Audrey 1'20	• L'année (fêtes et jours fériés) • L'argent	A. Les déterminants B. Les pronoms personnels	• Les marques de l'oralité : élisions et tournures elliptiques • La langue familière • Les variations du niveau de langue chez un même locuteur	"Un travail original" - Raymond Jean, *La lectrice*

NB. Pour les séquences vidéo, les locuteurs ne sont indiqués que dans les cas où il ne s'agit pas d'étudiants.

4

Unité	Documents sonores	Thèmes	Grammaire	Objectifs	Textes
6. Les projets professionnels	1. Ce qu'ils aimeraient faire 3'25 2. Ce qu'ils auraient aimé faire 3'40 3. Le conseiller d'orientation (conseiller et étudiante) 1'10		A. Le conditionnel B. Le discours direct / Le discours indirect	• Développer une idée • Dramatiser ses propos • De l'oral à l'écrit	• "Premier emploi" - Georges Perec, *Les choses* • "Rêves d'évasion" - Georges Perec, *Les choses*
7. Profession : cinéaste	1. Une carrière de cinéaste 1'30 2. Un point de vue français : l'hexagone 1' 3. Ce que Bertrand Tavernier souhaite faire 4'15 4. La mise en scène 1'40 5 Un travail d'équipe 2'50 (Bertrand Tavernier)	• Le cinéma : les films / les métiers du cinéma / les plans	A. Le subjonctif B. en + le participe présent (le gérondif) C. Révision des pronoms relatifs	• La mise en relief : le rythme ternaire / les autres procédés • Les hésitations	• "Au temps du cinéma muet" - Albert Camus, *Le premier homme* • "Critique de *L 627*", *Télérama*
8. Profession : chercheur et écrivain	1. Itinéraire : des études au premier roman 2'55 2. Écrire pour le plaisir 1'10 3. Les réactions de la critique 55' 4. La profession de foi 4'50 (Azouz Begag)	• L'endroit où l'on habite : la maison / la ville • Quelques phénomènes de société • Le rapport à soi et aux autres	A. Le plus-que-parfait B. L'infinitif C. L'exclamation	• Les procédés littéraires • L'humour • L'ironie	"Le vélo rouge" - Azouz Begag, *Le Gone du Chaâba*
9. La musique	1. La fête de la musique (musiciens et passants) 4'45 2. Le rap en France 2' (Mathieu O'Neil)	• Les types de musique • Les instruments • Le solfège	A. L'interrogation B. La comparaison C. **Faire** + infinitif	• Exprimer la notion de plaisir • Développer une idée • Donner un point de vue	• "Harmonie chorale" - Marie Nimier, *Anatomie d'un chœur* • "L'impresario et la chanteuse" - Patrick Modiano, *Une jeunesse* • "Leçons de piano" - Christophe Donner, *L'esprit de vengeance*
10. La télévision et la radio	A. Ce qu'ils regardent 2'40 B. Arte : 1. Une chaîne européenne 55' 2. La programmation 1'10 3. L'image d'Arte 1'50 (Olivier-René Veillon) C. Ce qu'ils écoutent 3'35	La télévision	A. La voix passive B. Le subjonctif (*suite*)	• La langue formelle • Le verbe dire • L'évolution du français contemporain : les substantifs à valeur d'adjectif	• "Premier contact avec la télévision" - Michel Tournier, *La goutte d'or* • "La ligne éditoriale des chaînes de télévision", *Le Monde*
11. Voyage autour du monde	5' (Pricila)	• Voyager • Les titres de transport • Les documents	A. Les prépositions B. Révision des temps C. Avant de + infinitif présent / après + infinitif passé	• La mise en valeur de l'enchaînement textuel • Les variations de registre chez un même locuteur	• "Le grand tour" - Paul Morand, *Le voyage* • "Un voyage problématique" - Marguerite Duras, *Le Marin de Gibraltar*
12. Les vacances	1. Les vacances, ça évoque... 3'50 2. Découvrir la France 3'25	• Les types de vacances • L'hébergement	A. Les substantifs et l'infinitif B. **Tout** adjectif, pronom et adverbe	• La langue familière et argotique • La langue soutenue	• "Vacances chez les grands-parents" - Robert Sabatier, *Trois sucettes à la menthe* • "À propos des vacances" - Marguerite Duras, *Les petits chevaux de Tarquinia*

INTRODUCTION

Objectifs

• Aider à la mise à niveau en français d'étudiants ou d'apprenants ayant déjà fait plusieurs années d'apprentissage de cette langue, mais dont les connaissances sont imprécises ou insuffisantes.

• Permettre aux apprenants d'accéder rapidement à une réelle maîtrise de la langue grâce à l'exploitation de leurs acquis antérieurs ainsi que par la clarification et par l'enrichissement de ces connaissances.

• Aider les étudiants à se préparer à un séjour d'étude en France (quelle que soit la discipline étudiée).

Ce cours peut être utilisé avec un groupe de type habituel, en semi-autonomie ou bien en autonomie complète et ceci soit dans un centre de ressources, soit à domicile. C'est pourquoi les conseils donnés ci-dessous s'adressent à la fois aux enseignants et aux apprenants.

Le cours aborde trois grands thèmes, comprenant chacun quatre unités :

- **apprendre** : apprenants et apprentissage ; les mots et les dictionnaires ; la lecture ; les nouvelles technologies ;

- **travailler** : le financement des études ; les projets professionnels ; profession : cinéaste ; profession : chercheur et écrivain ;

- **se distraire** : la musique ; la télévision et la radio ; voyage autour du monde ; les vacances.

Il comporte deux cassettes vidéo de 55 minutes environ, un livre d'activités de 160 pages et un fascicule séparé d'autocorrections.

La vidéo

Les documents vidéo présentent une **langue vivante, riche, authentique et variée** et stimulent la réflexion sur cette langue.

La langue, telle qu'elle est produite par un locuteur particulier, toujours présent à l'écran, permet une analyse du sens qui va bien au-delà de la simple étude des mots et des structures.

L'acquisition de la compétence linguistique est privilégiée dans tous ses aspects, y compris culturels. L'affectivité joue également un rôle important : on peut éprouver plus ou moins de sympathie pour les personnes à l'écran, mais on ne reste pas indifférent.

Ce cours se caractérise par le fait que le document vidéo est à la base de toutes les activités proposées. Bien que toutes les unités aient été filmées en France, le but n'est pas de montrer la France ou la façon dont les Français vivent à l'heure actuelle. L'entrée que nous avons privilégiée, c'est l'étude de la langue et de la façon dont elle est parlée par des personnes provenant d'horizons divers. Toutefois, la culture française contemporaine émerge de tout ce qui est dit et montré. L'image, le plus souvent un gros plan de la personne qui parle, est là pour faciliter la compréhension de ce qui est dit et également, bien entendu, pour aider à se familiariser avec les personnes interviewées. Le choix du gros plan vient de la constatation que la concentration sur le visage du locuteur permet de beaucoup mieux saisir et comprendre ce qui est dit. En effet, les expressions du visage, les mouvements des lèvres sont une partie importante de toute communication, et, autre avantage du gros plan, rien ne distrait l'attention.

Ce que l'on entend est du français authentique ; l'enregistrement pourra sembler bien rapide au début, mais reflète fidèlement la façon dont les gens parlent en France. En effet, ce cours se caractérise aussi par son absence de concessions : on ne présente pas un français de studio, enregistré par des acteurs. On s'efforce, au contraire, d'habituer les apprenants au **français tel qu'il se parle réellement.**

Le cours prend appui sur des interviews menées auprès d'une vingtaine d'étudiants français que l'on retrouve plusieurs fois au fil des unités. La plupart des étudiants filmés sont des étudiants en langue, mais il y a également des étudiants d'autres disciplines. Les utilisateurs du cours pourront ainsi se comparer avec leurs homologues français.

Les étudiants ne sont pas les seules personnes interviewées dans le cours ; des personnes plus âgées, exerçant des professions diverses, interviennent également, entre autres, Azouz Begag – chercheur et écrivain –, Josette Rey-Debove – lexicographe –, ou Bertrand Tavernier – cinéaste.

Les séquences vidéo sont le point de départ de toutes les activités : compréhension, travail lexical, grammatical, stylistique et expression orale.

On trouvera la transcription des enregistrements page 140. Des précisions sont données ci-après à propos des conventions de transcription.

Utilisation de la vidéo

Différents types d'approches dans la manière d'aborder le visionnement du document vidéo sont possibles. Il est recommandé de les varier selon les unités, d'une part pour maintenir l'intérêt, et, d'autre part, pour obtenir les meilleurs résultats en fonction de chaque groupe d'apprenants.

L'important, que l'on travaille seul(e) ou en groupe, est de ne pas se laisser arrêter par les difficultés du français authentique, surtout au début de l'utilisation de la vidéo.

1. Activités préparatoires

• Certains enseignants préfèrent solliciter des réactions spontanées au document vidéo sans préparation. Dans ce cas, on passera directement au visionnement.

• Pour d'autres enseignants, au contraire, une préparation plus ou moins importante est indispensable : il s'agit avant tout de préparer le terrain, par un travail sur les difficultés lexicales du document ou par la lecture d'un document portant sur le même thème, pour faciliter la compréhension et éviter le découragement. On peut, par exemple, inviter les étudiants à se familiariser par eux-mêmes avec le document, avant la séance de visionnement, en consultant la section II Gros plan sur le lexique, et en se référant aux questions de la section I Gros plan sur la compréhension.

• Si on travaille seul(e), l'une ou l'autre technique est possible, selon sa préférence.

2. Visionnement

Plusieurs approches sont possibles selon les objectifs que l'on se fixe mais, en tout état de cause, plusieurs visionnements sont nécessaires.

Dans un premier temps, il s'agit avant tout de comprendre ce qui est dit :

- visionner une séquence ou une mini-séquence pour en dégager le sens global ;
- visionner et prendre des notes ;
- visionner et répondre aux questions de la section I.

Puis, le visionnement est destiné au repérage d'éléments précis, vocabulaire, syntaxe et manières de s'exprimer.

On peut utiliser, selon les cas, différentes activités :

- visionner et transcrire (cet exercice permet de vérifier que tout est bien compris) ;
- visionner et reproduire ou reformuler ;
- visionner en lisant la transcription (cette dernière activité peut servir de vérification finale, avant de passer aux exercices).

• Lorsqu'il s'agit d'unités comportant uniquement ou surtout des étudiants, il est recommandé de découper l'unité en mini-séquences correspondant aux diverses prises de parole.

• Lors d'un travail de groupe avec un enseignant, la méthodologie dépendra nécessairement du temps dont on dispose ainsi que des objectifs poursuivis.

L'important est d'aider l'apprenant à saisir tout ce qui constitue le sens ou est porteur de sens du point de vue lexical et grammatical, tout en tenant compte de la spécificité de la langue parlée, y compris de l'expressivité et de l'intonation.

Le travail d'observation peut déboucher sur l'élaboration d'hypothèses à propos du sens ou des structures utilisées et/ou aboutir à des explications et, le cas échéant, conduire à des comparaisons avec la langue maternelle des apprenants.

Le document vidéo gagne à être visionné de nombreuses fois : les apprenants pourront ainsi vraiment appréhender les caractéristiques et les nuances de l'expression des locuteurs tout en découvrant des aspects de la vie dans la France contemporaine. Ils s'apercevront par ailleurs que, grâce au travail accompli, ils comprennent de plus en plus facilement au fur et à mesure qu'ils avancent dans les unités.

Les transcriptions

Pour le chercheur, l'oral ne peut pas se reproduire réellement à l'écrit, le texte écrit déformant et trahissant nécessairement la richesse de l'oral. De plus, la ponctuation de l'écrit ne correspond pas aux pauses de l'oral. C'est pourquoi les transcriptions de recherche ne comportent le plus souvent que des barres pour marquer les pauses et différents signes diacritiques pour indiquer d'autres phénomènes (par exemple, : pour un allongement, " pour un accent d'insistance, etc.).

Dans le cas de *Le français en gros plans*, ce type de solution nous est apparu difficile à retenir. En effet, certains locuteurs de la vidéo s'expriment pendant plusieurs minutes d'un seul jet et il nous a semblé indispensable d'introduire des éléments de ponctuation propres à l'écrit afin de permettre à un(e) apprenant(e) non francophone de mieux comprendre ce qui est dit dans une langue qu'il/elle maîtrise imparfaitement. Néanmoins, la ponctuation proposée reste "légère", c'est-à-dire beaucoup moins fournie que ne l'est celle des textes écrits habituels. Pour les mêmes raisons, nous avons utilisé l'orthographe usuelle du français en rétablissant occasionnellement entre parenthèses certains éléments peu audibles ou élidés – "parler aussi avec des gens qui viennent du pays (c'est) ce qu'il y a de mieux", "en (la)quelle je crois". En effet, nous avons délibérément pris le parti de la compréhension et de la lisibilité, tout en respectant les hésitations (euh), les répétitions (le le le) et les reprises (ne disp- ne dispense pas), caractéristiques de la langue parlée.

Par ailleurs, on amène les apprenants à s'interroger de façon plus systématique sur les spécificités de l'oral et de l'écrit dans des exercices portant sur une pratique simultanée de l'écoute et de la lecture (voir p. 13).

.... Les exercices d'accompagnement ....

Pour chacune des douze unités, on trouve les sections suivantes dans le manuel :
• Principaux objectifs
• I - Gros plan sur la compréhension
• II - Gros plan sur le lexique
• III - Gros plan sur la grammaire
• IV - Gros plan sur les manières de dire
• V - Gros plan sur la communication
• VI - Gros plan sur la lecture

De très nombreux exercices et activités sont proposés dans chaque section. Il est important d'insister à nouveau sur le fait que **tous** les exercices sont basés sur ce qui a été dit par les personnes interviewées – le corrigé des exercices est proposé dans un fascicule séparé, fourni avec l'ouvrage (autocorrections). Un index des points de grammaire traités est donné en fin d'ouvrage.

On trouvera ci-dessous des indications sur l'utilisation des différentes sections.

I - GROS PLAN SUR LA COMPRÉHENSION

Le premier objectif poursuivi est de comprendre le sens global de ce qui est dit, puis d'affiner la compréhension. Différents éléments aident à atteindre ce but :
- un encadré en début d'unité donne des informations sur différents éléments, liés à la culture et à la civilisation française, mentionnés par les personnes qui interviennent dans l'unité (par exemple, Unité 5, p. 65 : un centre aéré, le SMIC, entre autres) ;
- pour chaque séquence, une série de questions est posée afin d'orienter l'écoute et d'aider à comprendre ce qui est dit dans l'unité.

Il est recommandé de se familiariser avec ces deux rubriques avant de visionner une unité. De cette façon, l'attention n'est pas distraite par l'incompréhension ponctuelle d'un élément et peut se focaliser sur le sens – global, puis détaillé – de ce qui est dit au moment du visionnement.

Le visionnement vidéo est indispensable pour faire de réels progrès en compréhension. Les étudiants qui ont participé à l'expérimentation du cours ont constaté à quel point les personnes qu'ils trouvaient très difficiles à comprendre en début d'année étaient devenues faciles à comprendre dans les dernières unités. Il est très important de s'efforcer **de ne pas regarder** les transcriptions **avant de voir la vidéo**. Si l'on accepte cette contrainte – ce sera difficile au début ! – on aura la satisfaction de constater de rapides progrès.

L'écoute de ce que disent les différentes personnes de la vidéo donne l'occasion de se concentrer sur les sons, le rythme et l'intonation du français. La répétition immédiate, en écho, de ce que disent toutes les personnes enregistrées est l'une des meilleures façons d'améliorer sa prononciation. Si cela semble difficile, il faut s'exercer davantage !

On pourra ensuite consulter la transcription, ce qui donnera la possibilité d'associer ce qu'on a entendu avec les mots écrits qui peuvent être plus faciles à comprendre, surtout pour ceux qui parlent une langue proche du français (comme l'italien et l'espagnol, qui sont également dérivés du latin) ou une langue dont de nombreux mots sont proches de mots français (comme l'anglais, entre autres).

Répétons que si cet aspect du cours demande quelques efforts au début, il ne faut pas céder au découragement : la solution est d'entraîner l'oreille par des exercices d'écoute courts mais fréquents avec et sans la transcription. On peut, bien entendu, vérifier les mots et expressions qui posent des problèmes dans un dictionnaire.

II - GROS PLAN SUR LE LEXIQUE

Nous cherchons ici à aider à trouver des moyens pour construire et étendre la maîtrise du vocabulaire français. La rubrique A. "Autour d'un thème" propose un travail sur le thème de l'unité à partir d'inventaires, de tableaux ou d'oppositions, selon les cas.

La rubrique B. "D'un mot à l'autre" met l'accent sur les liens lexicaux entre les mots d'une même "famille", par exemple : vie, vivre, vivant, vif, vivement. Il s'agit ici, notamment, de chercher des synonymes, différentes façons d'exprimer la même chose.

C'est une bonne idée de constituer son propre lexique – sur ordinateur, dans un fichier ou dans un carnet alphabétique.

Cette partie du cours requiert surtout du travail personnel. Il faut envisager chaque exercice comme un jeu lexical, un puzzle à assembler.

III - GROS PLAN SUR LA GRAMMAIRE

Les auteurs de ce cours pensent que la maîtrise d'une expression correcte et sans erreurs doit être considérée comme l'un des objectifs principaux de tout cours de langue d'un niveau relativement avancé.

Cette section souligne donc l'importance de comprendre la structuration syntaxique du français. Bien que la communication soit le premier objectif à atteindre, il est important de tenir compte du fait que les approximations en langue peuvent être source d'incompréhension et donc potentiellement dangereuses.

Dans cette section, il s'agit d'abord d'observer et d'analyser ce que disent les différents locuteurs de la vidéo. Ceci peut être fait à la fois en écoutant ce qui est dit et en lisant les transcriptions tout en surlignant les points importants.

Pour faciliter le repérage des structures qui sont analysées dans chaque unité, des extraits significatifs de la transcription ont été sélectionnés et sont donnés en italique. La transcription de ces extraits a été légèrement "nettoyée", c'est-à-dire que les répétitions, les "euh", etc. ont été enlevés et que certaines incorrections éventuelles ont été corrigées.

Comme pour la partie précédente, beaucoup d'exercices peuvent être faits de manière autonome, au rythme de l'apprenant. On trouvera réponses et explications, parfois sous forme de tableaux récapitulatifs, dans les autocorrections. L'objectif est essentiellement de donner des moyens rapides et agréables de vérifier ce qui est acquis (ou qui peut-être n'est pas acquis mais devrait l'être !).

Le cours suit une progression très structurée, permettant en particulier une révision systématique de tous les temps et modes des verbes français, tout en incluant d'autres aspects essentiels de la grammaire tels que les articles, les pronoms, etc.

Bien que la terminologie grammaticale (la métalangue) ne soit pas nécessairement indispensable à l'apprentissage des langues, les auteurs pensent que sa connaissance contribue à une prise de conscience de la façon dont la langue fonctionne, et aide par là à arriver à une expression correcte. Cette connaissance, par ailleurs, peut faciliter l'apprentissage d'autres langues.

IV - GROS PLAN SUR LES MANIÈRES DE DIRE

Cette section attire l'attention sur le fait qu'il n'y a pas **une** langue française, **une** seule façon de s'exprimer, mais en fait de nombreuses façons selon son origine, son statut, ses intentions, la personne à qui on s'adresse, le contexte et ce dont on parle. Ici encore les autocorrections constituent une aide précieuse. Plus vite on prendra conscience des nuances, des fonctions des différents actes de parole et des différents registres du français, plus vite on réussira à s'exprimer de façon appropriée dans différents contextes. Ce travail devrait également faciliter la lecture et l'appréciation des textes littéraires.

Pour aider à cette prise de conscience, les activités proposées au fur et à mesure des unités peuvent, bien entendu, être pratiquées chaque fois que cela semblera approprié. On peut les résumer ainsi :

- sensibilisation aux niveaux de langue : langue familière, langue soutenue, français standard ou "ordinaire" ;
- repérage des constructions non conformes aux normes de la grammaire écrite (exemple : disparition du "ne", du "il", etc.), des phrases inachevées et des ruptures de construction, des énoncés juxtaposés, ou au contraire, mise en évidence d'un discours plus complexe et qui respecte les normes de l'écrit par exemple, dans le cas d'un discours proche de l'écrit oralisé ;
- repérage des hésitations (euh), des connecteurs (mais, puis, alors), des incises (je dirais) ou des petits mots tels que "ben", "hein", "quoi"... qui ponctuent tout discours oral et aident à l'organiser et à impliquer l'interlocuteur dans ce qui est dit ;
- repérage de tout ce qui ajoute à l'expressivité du discours*.

Nous ne saurions trop insister sur l'intérêt de la vidéo pour appréhender les caractéristiques du français parlé contemporain. Il est très important de prendre conscience des caractéristiques spécifiques des discours oraux dans l'ensemble des unités, par exemple, de remarquer les variations d'un locuteur à un autre, ou encore chez un même locuteur, ou par rapport au français standard. Pour faciliter cette prise de conscience, des activités d'écoute et de réflexion sur la prononciation sont suggérées dans la section "Écouter pour mieux comprendre..." (p. 13).

V - GROS PLAN SUR LA COMMUNICATION

Les exercices d'expression orale proposés dans cette section ont été prévus pour un travail en groupe. Si on travaille seul(e), on peut choisir les sujets qui conviennent et s'enregistrer sur une cassette. Pour ce genre de travail, il est indispensable d'accepter de "se lancer", sans redouter de faire quelques erreurs. L'important est de parler le plus possible et d'avoir une attitude positive. Cette section suggère de nombreux thèmes de discussion et des jeux de rôle qui permettront de reprendre à son compte ce que les étudiants français ont dit dans la vidéo, en l'adaptant à sa propre situation.

Les travaux écrits sont à faire individuellement, y compris le "Journal de bord" qui permettra de noter les difficultés et les succès au jour le jour. La diversité des activités proposées permet à l'apprenant de se perfectionner et d'adapter sa pratique écrite à différents contextes.

---

* Pour une étude plus approfondie de tous ces phénomènes, nous suggérons la lecture de l'ouvrage de Monique Lebre Peytard : *Situations d'oral. Documents authentiques : analyse et utilisation,* coll. Didactique des langues, Clé International, 1990.

VI - GROS PLAN SUR LA LECTURE

En contraste avec le français parlé des entretiens de la vidéo, nous avons choisi des textes résolument littéraires (sauf à de rares exceptions), présentant une diversité de styles.

Il s'agit de textes du XXe siècle qui reprennent les thèmes de chaque unité. Le choix des textes s'efforce de respecter au plus près la progression grammaticale pour ne pas nuire à la cohérence de l'ensemble.

Dans la mesure où nous souhaitons avant tout privilégier l'aspect lecture-plaisir, nous n'avons pas proposé d'activités spécifiques avec chaque texte. Il est bien évident toutefois que tous les textes peuvent se prêter à une exploitation pédagogique diversifiée selon le niveau des apprenants :

- compréhension ;
- traduction – les textes comportent un repérage chiffré toutes les cinq lignes pour faciliter la sélection des passages ;
- repérage de structures particulières – par exemple le conditionnel (v. "Premier emploi" et "Rêves d'évasion", Unité 6, pp. 83-84) ;
- analyse stylistique (v. "Le télétravail de l'avenir", Unité 4, p. 62) ;
- reformulation – par exemple réécriture d'une narration au présent en employant les temps du passé ou vice versa (v. "Le voyage à Paimpol", Unité 3, p. 52) ;
- adaptation du texte pour une mise en scène théâtrale (v. "Un travail original", Unité 5, p.73) ;
- initiation à la littérature contemporaine.

ÉTUDIER EN FRANCE

Voici les adresses de deux sites internet qui pourront vous être utiles pour trouver des renseignements sur les différentes universités, les procédures d'inscription, les possibilités d'hébergement, etc.

http://www.cnous.fr
http://www.education.gouv.fr

Soulignons, pour terminer, qu'utiliser ce cours de façon optimale demande un investissement personnel important.
Le travail individuel de chaque apprenant sera la base de tout réel progrès.

CONSEILS POUR LA PRISE DE NOTES

En français, comme dans toutes les langues, il existe des techniques permettant de noter de façon abrégée ce qui est dit (omission de certains mots, abréviations, etc.). Selon le domaine que l'on étudie (médecine, économie, littérature, chimie, etc.), des spécificités existent et on utilise des abréviations personnelles adaptées. Néanmoins, certaines règles générales (souples) existent.

Les abréviations courantes pour les mots grammaticaux

avt = avant	**pcq** = parce que
bcp = beaucoup	**pq** = pourquoi
c = comme	**pr** = pour
cad = c'est-à-dire	**q** ou **qq** = quelque(s)
ct = comment	**qch** ou **qqch** = quelque chose
dc = donc	**qn** ou **qqn** = quelqu'un
m̂ = même	**qd** = quand
ms = mais	**tt** = tout
par c. = par contre	**ts** = tous
par ex. = par exemple	(Chacun pourra compléter cette liste à sa guise.)

La façon d'abréger d'autres mots

les couper	ôter les voyelles, garder certaines consonnes	
adm. = administration, admiration, admiratif, admirable (selon le contexte)	**cqce** ou **csqce** = conséquence	**lg** = long
ex. = exemple ou exercice ou même examen (selon le contexte)	**dvt** ou **dvlpt** = développement	**mvt** = mouvement
int. = intéressant, international (selon le contexte)	**fct** = fonction, fonctionner, fonctionnement	**nv** = nouveau (vel / velle)
perf. = performance, perfectionnement	**gd** = grand	**pb** = problème
resp. = responsable ou responsabilité		**tps** = temps

Les signes mathématiques

$\approx$ = à peu près
$\neq$ = différent de
= = égal
+ = plus
- = moins
$\pm$, + ou - = plus ou moins
$\rightarrow$ = d'où il découle que
$\nearrow$ = augmente   > = plus grand que
$\searrow$ = diminue   < = plus petit que

Les lettres grecques

Ψ = psychologie
φ = physique ou philosophie (selon ce qu'on étudie)
∞ = infini

Exemples de notes prises à partir du début de l'interview d' Alain Duval (Unité 2, Séq. B) :

1er part. rédac. art., dét. cat. gr. mot à déc.
Avt de parl. "passer", art. lg, complexe, mot + simple → "patient", 2 cat. gr., adj. = "être patient", nom = , etc.

Entraînez-vous à prendre des notes à partir de la vidéo ou de la cassette audio. Commencez par une ou deux phrases. Laissez-les de côté pendant une semaine, puis essayez de reconstituer le sens à partir de vos notes. Ces techniques sont également très utiles quand on prend des notes à partir d'un article ou d'un ouvrage, ou encore quand on prépare un travail écrit.

ÉCOUTER POUR MIEUX COMPRENDRE
APPRENDRE À MIEUX PRONONCER

On trouvera ci-dessous une série de huit rubriques donnant des pistes pour permettre d'initier les apprenants aux problèmes spécifiques de la prononciation du français et de poser les jalons en vue d'un travail plus approfondi sur la phonétique. Cette initiation est tout particulièrement destinée à des étudiants faisant des études de français. Ici, tout comme dans les autres exercices de *Le français en gros plans*, toutes les activités proposées sont basées sur l'observation de ce que les locuteurs ont réellement dit dans les interviews.

Nous pensons que l'apprentissage de l'écoute, du repérage des sons et la réflexion sur les phénomènes de prononciation et d'intonation, sont une manière de s'imprégner de la langue en tenant compte des variations par rapport à la norme. En effet, nous n'adoptons pas dans cette section une attitude normative qui viserait à enseigner à bien prononcer selon une norme prédéfinie. Tous nos locuteurs sont des modèles de français authentique : une écoute fine, fréquemment renouvelée de ce qu'ils disent, conduira à une amélioration de la prononciation de l'apprenant.

Il est important de bien comprendre ce qui différencie l'oral de l'écrit, et de pouvoir effectuer la transition de l'un à l'autre. Toutes les personnes qui ont pris la parole dans *Le français en gros plans* savaient qu'elles parlaient devant une caméra, et qu'elles s'adressaient, au-delà de l'enseignant de français langue étrangère qui les interviewait, à un public d'apprenants étrangers, étudiant pour la plupart dans un contexte universitaire. Ceci dit, grand soin a été pris de mettre toutes les personnes interviewées à l'aise et de leur faire oublier le côté didactique de l'entreprise. L'ensemble révèle donc une importante variété de styles, de manières de dire, de types de "français parlé".

1. Repérer les pauses de l'oral et les groupes rythmiques

Comme on l'a vu (cf. p. 8), il a été décidé d'introduire des signes de ponctuation dans les transcriptions données en fin d'ouvrage. Il est important de rappeler que ces signes de ponctuation correspondent à des unités de sens évidentes à l'écrit, mais qu'ils ne correspondent pas toujours aux pauses de l'oral.

Exercices possibles

a) À partir de n'importe quel extrait du document vidéo, et de sa transcription, indiquer les pauses de l'oral par une barre oblique sur la transcription.

Exemples : début de l'Unité 1 et extrait de la séquence 1 de l'Unité 4.

Ponctuation (selon les règles de l'écrit plus riche que celle qui est donnée dans la transcription) : UNITÉ 1 – Odette : *Apprendre une langue étrangère c'est important, d'autant plus lorsqu'on lorsqu'on vit en Europe, euh lorsqu'il y a une Europe qui se construit, euh même s'il y a parfois des problèmes, des difficultés. Moi, c'est c'est quelque chose en (la)quelle je crois et euh comme je vous l'ai dit, je je je suis une fille d'immigrés, donc j'ai déjà, à la base, deux cultures.*

Pauses - Odette : *Apprendre une langue étrangère c'est important d'autant plus lorsqu'on / lorsqu'on vit en Europe euh lorsqu'il y a une Europe qui se construit euh même s'il y a parfois des problèmes des difficultés moi c'est c'est quelque chose en / laquelle je crois et euh comme je vous l'ai dit je je je suis une fille d'immigrés donc j'ai déjà à la base deux cultures.*

Ponctuation (selon les règles de l'écrit) : UNITÉ 4 – Daniel Laurent : *Alors, nous comptons, au cours des prochaines années, accueillir environ huit mille étudiants, c'est-à-dire nous allons doubler notre capacité d'accueil, pour passer de quatre mille à huit mille étudiants.*

Nous serons implantés euh ici, là où vous êtes actuellement, mais également à euh quelques centaines de mètres de ce lieu, dans un endroit qui est merveilleusement situé, qui est dénommé la cité Descartes, du nom du grand philosophe français du 17ᵉ siècle (...)

Pauses - Daniel Laurent : *Alors nous / comptons au cours des prochaines années / accueillir environ huit mille étudiants c'est-à-dire nous allons doubler notre capacité d'accueil pour passer de quatre mille à huit mille étudiants / nous serons implantés / euh ici là où vous êtes actuellement / mais également à euh quelques centaines de mètres de ce lieu / dans un endroit qui est merveilleusement situé / qui est dénommé la cité Descartes du nom du / grand philosophe français du 17ᵉ siècle.*

Comme on peut le voir en comparant les deux versions des deux extraits, les pauses ne correspondent pas aux signes de ponctuation de l'écrit. On trouve des segments prononcés sans pause là où on s'attendrait à en trouver et on trouve des pauses là où à l'écrit il n'y a pas de ponctuation.

b) Repérer les hésitations (indiquées par des "euh" sur la transcription) et s'interroger sur leurs fonctions : temps de réflexion, recherche d'un mot, mise en relief de ce qui est dit, reprise du souffle, signal d'une reprise de ce qui est dit, etc.

Par exemple, on peut penser que le premier "euh" d'Odette indique qu'elle va reprendre ce qui est dit en le précisant.

c) Examiner les pauses et tenter de voir à quoi elles correspondent. Ainsi, les pauses qui entourent : *euh ici là* *où vous êtes actuellement,* semblent impliquer que Daniel Laurent aurait pu dire : "bien entendu", c'est une sorte de mise entre parenthèses d'une évidence.

2. Repérer les accents et allongements syllabiques

En théorie, en français, l'accent est peu marqué et fixe : le plus souvent il y a allongement de la dernière syllabe du groupe de mots qui correspond à une unité de sens, ou de la dernière syllabe d'un mot prononcé isolément. Par exemple, C. Fabreguette (Unité 4) dit : *L'endroit où nous sommes est un disposi**tif** euh assez sophistiqué de visioconfé**rence** et avec ce sys**tème** euh nous a**llons** très prochaine**ment** euh avoir des é**changes** avec des universités améri**caines** euh avec qui nous avons par ailleurs des accords de coopéra**tion**.*

Mais l'accent peut aussi porter sur la première syllabe des mots que l'on souhaite mettre en relief. Il s'agit alors d'un accent d'insistance (v. par exemple Odette qui dit, au début de l'Unité 1, *j'ai une nature assez **cu**rieuse*).

L'accentuation de la première syllabe est un phénomène de plus en plus répandu. On remarque en effet actuellement le développement de l'accentuation sur la première syllabe sans que cela soit dû à un accent d'insistance. Ceci est particulièrement vrai à la radio et à la télévision. Les intervenants essaient ainsi de rendre leur discours plus vivant ou convaincant en accentuant le début des mots et ce phénomène a tendance à se répandre dans la population en général. Il se remarque tout particulièrement chez Olivier-René Veillon, dans l'Unité 10 :

*Donc, la pluralité des langues doit être un **a**tout dans la **con**ception, dans la **pro**duction des œuvres qui sont diffusées sur Arte, **doit** être vécue comme un élément **en**richissant de l'**of**fre de **pro**grammes d'Arte.*

On trouve en fait beaucoup de variations selon les locuteurs, et chez un même locuteur.

Exercices possibles

a) Repérer chez différents locuteurs les allongements syllabiques, les syllabes prononcées un peu plus fort que les autres et les accents sur les premières syllabes.

b) Comparer et imiter des locuteurs différents, par exemple Josette Rey-Debove et Alain Duval dans l'Unité 2.

3. Repérer l'intonation

En théorie, en français, l'intonation est montante à l'intérieur d'une phrase, à la fin de chaque groupe de mots constituant une unité de sens, et descendante en fin de phrase, indiquant par là-même qu'on a fini de parler. Elle peut également avoir une fonction syntaxique, pour indiquer l'interrogation par exemple.

En fait, l'intonation varie beaucoup selon le contexte dans lequel s'exprime le locuteur et selon sa personnalité, ses émotions, ses intentions. On peut remarquer beaucoup de variations d'un étudiant à l'autre. Odette, par exemple, ou Vanessa ont des schémas intonatifs plus variés que Léo ou Sylvain. De même, Josette Rey-Debove ou Azouz Begag modulent généralement leurs propos de manière plus expressive qu'Alain Duval ou Olivier-René Veillon. Toutefois, il est important de noter que les variations sont fréquentes chez un même locuteur, selon le moment, et selon le niveau d'implication dans ce qui est dit.

Exercices possibles

a) Repérer les schémas intonatifs d'un locuteur particulier.

b) Contraster plusieurs locuteurs.

c) S'entraîner à imiter l'intonation d'un locuteur en fredonnant ou en répétant simultanément ce qui est dit.

4. Repérer les **e** instables (caducs), et leur impact sur la syllabation

Le **e** n'est pas toujours prononcé. Josette Rey-Debove parle de **e** caduc dans l'Unité 2. On l'appelle aussi **e** muet ou instable.

Le **e** en syllabe initiale est particulièrement "instable", étant parfois prononcé et d'autres fois non, ainsi que l'explique Josette Rey-Debove dans l'Unité 2 :

autrefois on disait "rej'ter", on disait des "ch'veux", c'était "ch'veux", c'était la seule prononciation normale pour "ch'veux". Pour cheveux maintenant... hein "vous avez de très beaux cheveux" maintenant dit le coiffeur, alors qu'autrefois c'était des "ch'veux", il y avait une seule syllabe.

Il n'est généralement pas prononcé en finale de mot : par exemple, lorsque Josette Rey Debove dit *une seule syllabe,* on n'entend que quatre syllabes : [yn/sœl/si/lab].

Par contre, on peut trouver un **e** muet prononcé dans le cas de locuteurs provenant du Sud de la France : dans l'Unité 9, par exemple, l'institutrice, à la fin de la séquence 1, a tendance à prononcer toutes les syllabes : *c'est vraiment le truc* (tʀy/kə = 2 syllabes) *qu'on pratique* (pʀa/ti/kə = 3 syllabes) *chaque année avec beaucoup de plaisir.*

Exercices possibles

a) Choisir un passage dans une unité et repérer les **e** instables : sont-ils prononcés ou non ?

b) Compter le nombre de syllabes dans des segments de phrases : par exemple, Emmanuel au début de la séquence 1 de l'Unité 3 dit *Je di/rais* (zdi/ʀɛ = 2 syllabes, alors qu'à l'écrit il y en a 3).

c) Étudier les variations d'un locuteur à un autre, ou chez un même locuteur, en ce qui concerne la chute du **e**.

5. Repérer les liaisons et les enchaînements

En théorie, il y a liaison entre une consonne non prononcée à l'oral et la voyelle initiale du mot suivant ; par exemple dans l'Unité 2 : *des informations, aux étrangers, à trois ans, ils évoluent, c'est amusant.* De même, il y a enchaînement consonantique entre la dernière consonne prononcée d'un mot et la voyelle initiale du mot suivant, par exemple : *pour une langue d'apprentissage, se faire une idée* et enchaînement vocalique entre la dernière voyelle d'un mot et la voyelle initiale du mot suivant. Exemple : *elle a été.*

Certaines liaisons sont obligatoires et sont en principe toujours faites. Mais on peut remarquer dans l'Unité 3, par exemple, que certains locuteurs ne font pas les liaisons que l'on s'attendrait à trouver, c'est le cas d'Emmanuel : *on peut avoir...* , de Vanessa : *je suis abonnée au* Times, d'Odette : *parfois c'est inévitable..., ça doit être* .

Exercices possibles

a) Repérer les liaisons et enchaînements faits par divers locuteurs et les indiquer sur la transcription.

b) Noter les liaisons qui sont toujours faites (liaisons obligatoires) et celles qui ne le sont pas systématiquement. La liaison est-elle toujours faite, par exemple dans le cas de "c'est", "ce sont", "dans" + voyelle ? (Vérifier chez Emmanuel, par exemple, au début de l'Unité 6).

c) Repérer les cas où il n'y a pas de liaison (par exemple après "et").

d) Repérer les étudiants qui, dans l'ensemble, font toutes les liaisons possibles (par exemple Sylvain) et ceux qui en font peu.

6. Se familiariser avec les transcriptions et l'API (Alphabet Phonétique International)

Comme le signale Josette Rey-Debove dans l'Unité 2, il est très utile de connaître l'Alphabet Phonétique International (API). En effet, si on le maîtrise bien, lorsqu'on consulte un dictionnaire, on peut savoir comment se prononce le mot recherché, même si on ne l'a jamais entendu auparavant. Il est utile de remarquer qu'un même son peut correspondre à des graphies différentes, ainsi pour le son [ɑ̃], on trouve dans l'Unité 2, séquence 1, les graphies **em** (exemple), **an** (langage), **ant** (important), **en** (enfin), **ent** (comment) et **emps** (temps).

Une même lettre peut aussi avoir différentes prononciations. Par exemple, la lettre **o** dans mots [mo], bonne [bɔn], voyez [vwaje]. Il en est de même pour les groupes de lettres comme **ent** → **e** caduc dans posent [poz], [ɑ̃] dans actuellement [aktyɛlmɑ̃].

Voir le tableau de phonétique p. 16.

Exercices possibles

a) Apprendre à déchiffrer l'API, en s'exerçant sur un certain nombre de mots polysyllabiques, par exemple : [aprɑ̃tisaʒ], [ɛ̃fɔrmasjɔ̃], [diksjɔnɛr], [malœrøzmɑ̃], [ideɔlɔʒik], [kɔ̃tɑ̃pɔrɛ̃], [literatyr].

b) Noter toutes les graphies possibles pour un même son dans une séquence donnée. Par exemple [o], [ɛ̃], [s].

c) Apprendre à transcrire ce que l'on entend en utilisant un dictionnaire le cas échéant. (Ce dernier exercice est surtout recommandé aux étudiants pour qui le français est la matière principale.)

7. Travailler sur des sons spécifiques

Il s'agit ici dans un premier temps de repérer certains sons en notant des oppositions caractéristiques du français : il est ainsi recommandé d'écouter la cassette en lisant la transcription et de souligner un son particulier, d'en encadrer un autre – ou de les différencier avec des surligneurs de couleur.

Par exemple, si l'on travaille les nasales dans l'Unité 4 : [ɔ̃] encadré ; [ɑ̃] souligné ; [ɛ̃] encerclé.

nous all_ons_ doubler notre capacité d'accueil pour passer de quatre mille à huit mille étud_ian_ts nous ser_ons_ [implantés] ici là où vous êtes actuellement mais également à euh quelques c_en_taines de mètres de ce lieu d_ans_ un _en_droit qui est merveilleusement situé qui est dénommé la cité Descartes du [nom] du gr_and_ philosophe fr_an_çais du 17ᵉ siècle.

Dans un deuxième temps, bien entendu, il s'agit de s'entraîner à répéter ces sons en imitant ce que l'on entend.

Exercices possibles

Travailler les oppositions suivantes :

a) les voyelles [i] [y] [u] ; [ə] [e] [ɛ]

b) les nasales [ɔ̃] [ɑ̃] [ɛ̃] [œ̃]

c) les semi-voyelles [ɥ] [w] [j]

d) les consonnes [s] [z] [ʃ] [ʒ] [k].

Ces quelques oppositions sont données à titre d'exemples ; d'autres peuvent également être intéressantes.

La langue maternelle des apprenants a une incidence sur la sélection des sons que l'on travaillera tout particulièrement.

8. Repérer la gestualité et les expressions faciales

Le tournage et le montage ont privilégié les gros plans qui facilitent la concentration de l'apprenant, en favorisant la focalisation sur les expressions du visage et en permettant de repérer le mouvement des lèvres. Les plans plus larges permettent d'analyser la gestuelle des locuteurs. C'est le cas pour Bertrand Tavernier ou Azouz Begag (Unités 7 et 8), entre autres. Dans la dernière séquence de l'Unité 8, par exemple, les mains d'Azouz Begag non seulement ponctuent ou rythment ce qu'il dit, mais elles concrétisent sa pensée ; ainsi lorsqu'il dit : *écrire, c'est toujours (...) ajuster, trouver exactement la synchronisation entre ce qu'on ressent, les émotions et ce qu'on écrit, voyez, exactement...* Les mains miment le mouvement de synchronisation avec les doigts qui s'emboîtent.

Exercices possibles

a) Noter les cas où les expressions faciales facilitent la compréhension

b) Dans le cas de plans plus larges, observer la gestualité, le mouvement des mains.

PRINCIPES DE LA TRANSCRIPTION PHONÉTIQUE

Alphabet phonétique et valeur des signes

VOYELLES

[i] il, épi, lyre

[e] blé, aller, chez, épée

[ɛ] lait, merci, fête

[a] ami, patte

[ɑ] pas, pâte

[ɔ] fort, donner, sol

[o] mot, dôme, eau, saule, zone

[u] genou, roue

[y] rue, vêtu

[ø] peu, deux

[œ] peur, meuble

[ə] premier

[ɛ̃] brin, plein, bain

[ɑ̃] sans, vent

[ɔ̃] ton, ombre, bonté

[œ̃] lundi, brun, parfum

SEMI-CONSONNES

[j] yeux, paille, pied, panier

[w] oui, fouet, joua (et joie)

[ɥ] huile, lui

CONSONNES

[p] père, soupe

[t] terre, vite

[k] cou, qui, sac, képi

[b] bon, robe

[d] dans, aide

[g] gare, bague, gui

[f] feu, neuf, photo

[s] sale, celui, ça, dessous, tasse, nation

[ʃ] chat, tache, schéma

[v] vous, rêve

[z] zéro, maison, rose

[ʒ] je, gilet, geôle

[l] lent, sol

[ʀ] rue, venir

[m] mot, flamme

[n] nous, tonne, animal

[ɲ] agneau, vigne

———————

[h] hop ! (exclamatif)

['] (pas de liaison) héros, onze, yaourt

———————

[ŋ] mots empr. anglais, camping

[x] mots empr. espagnol, jota ; arabe, khamsin, etc.

REM. 1. La distinction entre [a] et [ɑ] tend à disparaître au profit d'une voyelle centrale intermédiaire (nous avons choisi de la noter [a]).
2. La distinction entre [ɛ̃] et [œ̃] tend à disparaître au profit de [ɛ̃].
3. Le [ə] note une voyelle inaccentuée *(premier)* ou caduque *(petit)*, proche dans sa prononciation de [œ] *(peur)*, qui a tendance à se fermer en syllabe ouverte *(le* dans *fais-le)*.
4. Le [x], son étranger au système français, est parfois remplacé par [ʀ].

Le Petit Robert, 1997

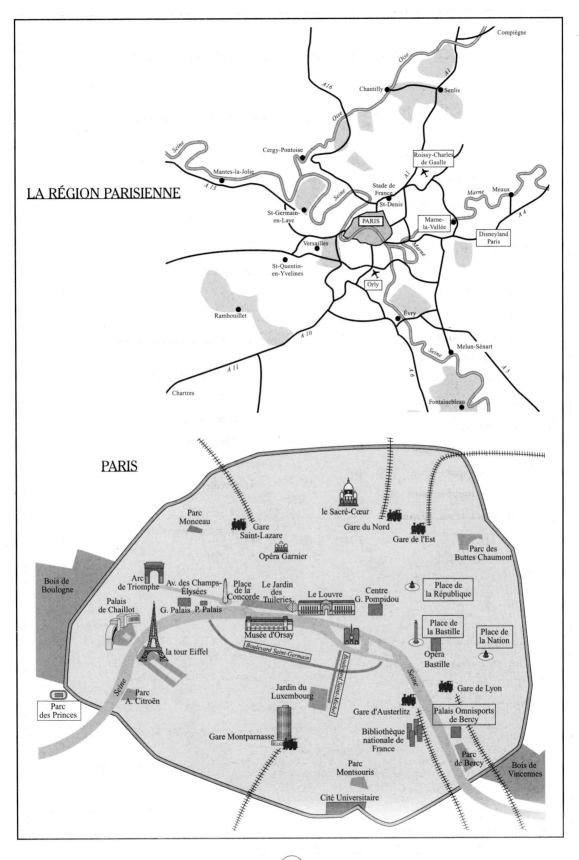

LA RÉGION PARISIENNE

Compiègne

Oise

Chantilly   Senlis

A 16

Oise

Seine

Cergy-Pontoise

Roissy-Charles
de Gaulle

Mantes-la-Jolie

A 13   Seine   Stade de
France

Marne   Meaux

A 4

St-Germain-
en-Laye   St-Denis

PARIS   Marne-
la-Vallée

Versailles   Disneyland
Paris

Marne

St-Quentin-
en-Yvelines

Orly

Évry

Rambouillet

A 10   Seine   Melun-Sénart

A 5

A 11

A 6

Chartres

Fontainebleau

PARIS

Parc
Monceau   le Sacré-Cœur

Gare
Saint-Lazare   Gare du Nord   Gare de l'Est

Opéra Garnier   Parc des
Buttes Chaumont

Bois de
Boulogne   Arc
de Triomphe   Av. des Champs-
Élysées   Place
de la
Concorde   Le Jardin
des
Tuileries   Le Louvre   Centre
G. Pompidou   Place de
la République

Palais
de Chaillot   G. Palais   P. Palais   Place de
la Bastille   Place de
la Nation

Musée d'Orsay   Opéra
Bastille

la tour Eiffel   Boulevard Saint-Germain

Seine   Gare de Lyon

Parc
A. Citroën   Jardin du
Luxembourg   Palais Omnisports
de Bercy

Parc
des Princes   Gare d'Austerlitz

Gare Montparnasse   Bibliothèque
nationale de
France   Parc
de Bercy   Bois de
Vincennes

Parc
Montsouris

Cité Universitaire

LA FRANCE

MER DU NORD

MANCHE

OCÉAN ATLANTIQUE

MER MÉDITERRANÉE

Calais
Dunkerque
Boulogne-sur-Mer
Lille
NORD-PAS-DE-CALAIS
Valenciennes
Amiens
PICARDIE
Le Havre
HAUTE-NORMANDIE
Rouen
ILE-DE-FRANCE
Reims
CHAMPAGNE-ARDENNE
Metz
Caen
PARIS
ALSACE
BASSE-NORMANDIE
Seine
Nancy
Strasbourg
Brest
LORRAINE
BRETAGNE
Le Mans
Orléans
Vosges
Rhin
Rennes
Angers
Tours
Loire
Dijon
Besançon
Nantes
PAYS DE LA LOIRE
CENTRE
BOURGOGNE
FRANCHE-COMTÉ
Poitiers
La Rochelle
LIMOUSIN
Loire
Jura
POITOU-CHARENTES
Limoges
Clermont-Ferrand
Lyon
Angoulême
St-Étienne
AUVERGNE
Grenoble
Bordeaux
Massif Central
RHÔNE-ALPES
Alpes
Lot
AQUITAINE
Rhône
PROVENCE-ALPES-CÔTE D'AZUR
Nice
Landes
Nîmes
Avignon
MIDI-PYRÉNÉES
Montpellier
Aix-en-Provence
Garonne
LANGUEDOC
Marseille
Pau
Toulouse
ROUSSILLON
Perpignan
Pyrénées

CORSE
Ajaccio

Apprenants et apprentissage

Principaux objectifs

- Encourager la réflexion sur les meilleures façons d'apprendre une langue étrangère, et favoriser l'élaboration de stratégies appropriées à chaque apprenant.

- Aborder la notion de comparaison.

- Aborder la révision du système des temps en se concentrant en particulier sur le présent et sur la notion de durée.

I-GROS PLAN SUR LA COMPRÉHENSION

Le système éducatif français				
École maternelle (2/3-6 ans)	École primaire (6-11 ans)	Collège (11-15 ans)	Lycée (15-18 ans)	Université
Petite Section Moyenne Section Grande Section	Cours préparatoire Cours élémentaire 1 Cours élémentaire 2 Cours moyen 1 Cours moyen 2	Sixième Cinquième Quatrième Troisième	Seconde Première Terminale (bac)	1re année de DEUG 2e année de DEUG Licence Maîtrise Doctorat

- **Le bac** (baccalauréat) : cet examen sanctionne la fin des études secondaires. Il comporte des épreuves écrites et orales. Certaines matières sont obligatoires tels le français, la philosophie, une langue étrangère, histoire/géographie, les mathématiques, mais les épreuves et leur coefficient varient selon la série choisie. En effet, il y a onze séries comportant chacune des enseignements de spécialité au choix et des épreuves facultatives. Les séries sont : L (Littéraire) ; ES (Économique et Social) ; S (Scientifique) ; STT (Sciences et Technologies Tertiaires) ; STI (Sciences et Technologies Industrielles) ; STL (Sciences et Technologies de Laboratoire) ; SMS (Sciences Médico-Sociales) ; STPA (Sciences et Technologies du Produit Agro-alimentaire) ; STAE (Sciences et Technologies de l'Agronomie et de l'Environnement) ; Arts appliqués ; Techniques de la musique et de la danse ; Hôtellerie.
- **Le DEUG** (Diplôme d'Études Universitaires Générales) : il sanctionne la fin des deux premières années d'études à l'université.
- **La licence** : elle se passe une année après le DEUG et sanctionne trois années d'études supérieures.

- **Les LEA** (Langues Étrangères Appliquées) : dans cette filière, deux langues étrangères sont étudiées de façon équivalente. On y acquiert également des notions de droit, d'économie et de gestion.
- **La sixième, la quatrième** : la sixième est la première année du système secondaire, la quatrième est donc la troisième année (v. tableau).

Introduction

Pourquoi Odette pense-t-elle qu'il est important d'apprendre des langues étrangères ?

Séquence 1 - Étudier les langues

1. Quelles langues les étudiants apprennent-ils, et depuis combien de temps ? Résumez ce qu'ils disent dans la première séquence.

	Les langues étudiées	La durée de l'apprentissage
Anaïck		
Olivier		
Annick		
Odette		
Maud		
Léo		
Sandra		

2. Répondez aux questions suivantes :

a) Est-ce que les étudiants en informatique comme Olivier ont la possibilité d'étudier une langue étrangère pendant toute la durée de leurs études universitaires ?

b) En quelle classe commence-t-on l'étude d'une deuxième langue en France ?

c) Pourquoi Sandra n'étudie-t-elle plus le russe ?

Séquence 2 - La meilleure façon d'apprendre ?

Relevez toutes les façons d'apprendre une langue étrangère mentionnées par les étudiants. Quelle est celle qui est citée le plus souvent ?

Séquence 3 - Contrôle continu ou examen ?

1. Pourquoi Audrey est-elle contre les examens ?

2. Pourquoi Léo, par contre, préfère-t-il la formule de l'examen final ?

3. Pourquoi Audrey devrait-elle réussir malgré le stress des examens ?

II - GROS PLAN SUR LE LEXIQUE

A ..... Autour d'un thème .....

Vérifiez si nécessaire le sens des mots proposés dans un dictionnaire.

Les cours
un cours : - de français - de grammaire - de littérature un cours magistral des TD (travaux dirigés) — *super vising* des TP (travaux pratiques) *pratical* un séminaire un cours particulier suivre des cours *take a course* le tutorat ↳ *tutor* — *tutorial*

Les examens et le contrôle continu	
Substantifs	Expressions
une épreuve : - orale - écrite un partiel — *exam* un contrôle *L'exam* *fail*	passer un examen réussir à un examen échouer à un examen avoir de bonnes notes avoir de mauvaises notes avoir la moyenne

L'apprentissage des langues
la grammaire la syntaxe l'orthographe *spelling* la phonétique — *sound* l'expression écrite *written* une rédaction une dissertation *essay* un résumé — *summary* un mémoire — *dissertation* l'expression orale un débat — *debate* un exposé *talk* des jeux de rôle

B ..... D'un mot à l'autre .....

1 - Les familles de mots

EXEMPLE :
apprendre : - apprenants (m. pl.) → ceux qui apprennent
- apprentissage (m.) → le fait d'apprendre
- apprenti(e) (m. (f.)) → une personne qui apprend un métier.

a) Trouvez les substantifs (c'est-à-dire les noms) dérivés des verbes suivants en vous aidant d'un dictionnaire si nécessaire. Indiquez le genre de chaque nom.
EXEMPLE : abandonner → abandon (m.)

améliorer / commencer / connaître / essayer / lire

b) Trouvez les substantifs dérivés des adjectifs suivants en vous aidant d'un dictionnaire si nécessaire. Indiquez le genre de chaque nom.
EXEMPLE : curieux → curiosité (f.)

ennuyeux / enrichissant / important / nécessaire / possible

2- Le verbe + l'adjectif

a) "Ça me rend malade"

La formule **rendre + adjectif** est courante en français pour indiquer un changement d'état ou de sentiments.

EXEMPLE : attrister → rendre triste

• Complétez les phrases suivantes en utilisant le verbe **rendre** et en choisissant parmi les adjectifs ci-dessous celui qui correspond le mieux au contexte, dans chaque cas :

fou (folle) / heureux(euse) / prudent(e) / perplexe / jaloux(ouse) / malheureux(euse)

- Un accident de voiture, ça .... On conduit plus lentement après.
- L'argent ne .... pas toujours ....
- Elle déteste attendre : les trains qui ont du retard la ....
- Ça la .... de voir la moindre injustice.
- Les bonnes notes des autres le ....
- Son explication est tellement illogique qu'elle nous ....

• Trouvez des situations qui vous affectent positivement ou négativement, et dites comment vous vous sentez en reprenant la formule d'Audrey :

EXEMPLE : *Une soirée passée avec des amis, ça me rend heureuse.*

b) Tomber amoureux de quelqu'un / d'un pays

• Que signifie le verbe **tomber** dans ce contexte ? Reformulez l'expression.

• Avec quel autre adjectif emploie-t-on fréquemment le verbe **tomber** ?

III - GROS PLAN SUR LA GRAMMAIRE

A .... La comparaison ....

1 - Observez les diverses façons d'exprimer la comparaison dans la séquence 2. Les expressions qui indiquent un comparatif sont soulignées, celles qui indiquent un superlatif sont en caractères gras.

> Emmanuel : *Pour moi (...), la façon d'apprendre une langue étrangère qui me convient **le mieux**, c'est dans un premier temps d'être avec des professeurs (...) (c'est) essayer d'avoir une approche plus globale de la langue (...) et **la meilleure** façon c'est d'intégrer la langue en allant dans le pays de la langue concernée (...)*
>
> Anaïck : *Je pense que **le plus important** pour bien apprendre une langue, c'est avant tout de la pratiquer.*
>
> Maud : *Moi, j'ai besoin de calme pour travailler ; donc, toute seule, c'est mieux.*

2 - Reformulez ce que disent Emmanuel, Anaïck et Maud en éliminant toute notion de comparaison.

EXEMPLE : *Pour moi (...), la façon d'apprendre une langue étrangère qui me convient **bien**...*

B — **L**e présent

1- Repérage

Voici une liste de tous les verbes au présent dans cette unité :

> *c'est important / on vit/ il y a / une Europe qui se construit / je crois / je suis / j'ai / ça ne peut être qu'enrichissant / je m'appelle Anaïck / j'étudie / ça fait maintenant neuf ans / ça doit faire / il me semble / ma faculté ne dispense pas / je vais reprendre / je continue / la façon qui me convient le mieux / des professeurs qui expliquent / je pense / un bain culturel et linguistique qui nous permet / des gens qui viennent / les étudiants n'aiment pas / on débute / toutes les structures de phrase s'apprennent / on finit / on commence / il faut / je préfère / on (ne) travaille pas / tu travailles / je peux / tu veux / ça m'arrange / je rentre / tu te sens / je ne me sens pas / ça me rend malade / je veux / tu stresses / ça te déboussole / tu peux / tu es / quelque chose qui va / tu le dis*

Repérez leurs terminaisons et retrouvez leur infinitif.

Vérifiez, à l'aide d'un dictionnaire, ou en vous référant aux autocorrections si nécessaire, que vous connaissez toutes les terminaisons de ces verbes conjugués au présent.

Soulignez les verbes irréguliers qui ne sont pas conjugués selon le schéma habituel suivant :

> **verbes en -ER : -e, -es, -e, -ons, -ez, -ent**
> **verbes en -IR : -is, -is, -it, -issons, -issez, -issent**
> **verbes en -RE : -s, -s, -, -ons, -ez, -ent**

2 - On trouve également des verbes à l'infinitif dans les propos des étudiants :

> *apprendre / connaître / choisir / essayer / distinguer / acquérir les bases / se lancer / découvrir / tomber amoureux / prêter / savoir / accéder / perdre / réussir / voir*

Classez-les selon les catégories suivantes, à l'aide d'un dictionnaire si nécessaire :
- verbes en -ER régulier / verbes en -ER irrégulier,
- verbes en -IR régulier (type finir) / verbes en -IR irrégulier,
- verbes en -RE régulier / verbes en -RE irrégulier,
- verbes en -OIR.

3 - Complétez les phrases suivantes :
1. Nous (choisir) *choisissons* une cassette à la médiathèque.
2. Elle (découvrir) *découvre* un nouveau cours.
3. Tu (savoir) *sais* où a lieu le cours ?
4. J'(acquérir) *aquiers* des bases solides.
5. Elles (connaître) *connaissent* d'autres étudiants français.
6. Vous (voir) *voyez* ici un exemple de verbe irrégulier.
7. Ils (faire) *faire* beaucoup de progrès en ce moment.
8. Nous (commencer) .... à comprendre.
9. Qu'est-ce que vous (dire) .... ?
10. Ils (devoir) .... aussi travailler en autonomie.

avoir lieu → to take place

C ⸻ L'impératif ⸻

1 - En quoi les formes de l'impératif dans la séquence 3 sont-elles différentes de celles du présent de l'indicatif ?

> Léo : **Écoute** l'examen final, ce qui est bien c'est que (...) **Reprends-toi**, ne t'inquiète pas, ce n'est pas quelque chose qui va te perdre au contraire (...) **T'inquiète pas**, faut que tu aies confiance en toi (...)

2 - Vous donnez des conseils à un(e) camarade qui a du mal à comprendre les documents vidéo en français. En utilisant l'impératif, vous lui dites d'aller à la médiathèque, de visionner les actualités, de s'entraîner le plus possible, de prendre des notes et même de transcrire ce qui est dit, et de remettre la transcription au professeur.

D ⸻ L'expression de la durée ⸻

1 - Repérez les diverses façons d'exprimer la durée dans la séquence 1.
Qu'est-ce qui différencie les exemples donnés en **a)** des exemples donnés en **b)** ?
En particulier, que remarquez-vous en ce qui concerne l'emploi de **depuis** (temps et construction) ? En quoi **depuis** est-il différent de **pendant** ?

a)
> Anaïck : *J'étudie l'allemand depuis sept ans.*
> Annick : *J'étudie l'anglais depuis neuf ans, j'ai commencé en sixième.*
> Odette : *J'étudie l'anglais et l'espagnol depuis l'âge de douze ans.*
> Odette : *Ça fait maintenant neuf ans que j'étudie l'anglais.*
> Maud : *Il y a huit ans que j'étudie l'anglais et six ans que j'étudie l'allemand.*

b)
> Olivier : *Les langues étrangères, j'en ai étudié trois jusqu'au bac.*
> Léo : *J'ai étudié l'anglais pendant onze ans et l'allemand pendant neuf ans. Aujourd'hui je n'étudie plus ces langues.*
> Sandra : *J'ai fait trois ans de russe... j'ai arrêté le russe.*

2 - Construisez six phrases illustrant la différence entre **pendant** et **depuis** (trois de chaque).

3 - Comparez : "**Il y a** huit ans **que** j'étudie l'anglais" et "**Il y a** huit ans, j'ai étudié l'anglais".

Attention !

Le présent n'est pas le seul temps possible avec **depuis** !
• Dans le cas d'une construction négative, on emploie généralement le **passé composé** :
EXEMPLES : Je **ne l'ai pas vu depuis** six mois / **depuis** Noël.
Elle **n'y est pas allée depuis** un an / **depuis** octobre.

• Dans le cas d'un contexte antérieur au présent, c'est-à-dire situé dans le passé, on trouve l'**imparfait** au lieu du présent, et le **plus-que-parfait** au lieu du passé composé.
EXEMPLES : En 1990, elle **apprenait** l'allemand **depuis** six ans.

Elle **avait abandonné** le russe **depuis** deux ans quand elle est partie à Moscou.

À cette époque, je **n'avais pas vu** Pierre **depuis** un an.

IV - GROS PLAN SUR LES MANIÈRES DE DIRE

1- Les amorces et enchaînements

Il est important de connaître la façon de prendre la parole (amorce) et de répondre (enchaînement) en français. Relevez les amorces et les enchaînements dans la conversation entre Léo et Audrey (Séq. 3).
EXEMPLE : Audrey : *Ah ! ben...*

2- La langue parlée : chute du **ne** et du sujet

La particule négative **ne** est souvent omise dans la langue parlée. Il en est de même en ce qui concerne le **il** de "il faut" et de "il y a".
La chute du **ne** est-elle systématique dans la séquence 3 ? Relevez les exemples. Relevez également les cas de chute du **il**.

V - GROS PLAN SUR LA COMMUNICATION

A .... **C**ommunication orale ....

1- Présentations

Présentez-vous à votre voisin(e) – famille, domicile, études – puis, à tour de rôle, faites à la classe le compte rendu de l'information donnée (avec l'aide de votre voisin(e) si vous avez oublié quelque chose).

2- Tour de table

À tour de rôle, le plus rapidement possible, indiquez :
a) depuis quand vous étudiez le français et, le cas échéant, d'autres langues ;
b) quelle est pour vous la meilleure façon d'apprendre, ou celle qui vous convient le mieux.

3- Débats

a) Êtes-vous pour ou contre le contrôle continu ?
b) On peut arriver à se faire comprendre dans une langue étrangère sans la parler "correctement". Êtes-vous d'accord ? Faut-il supprimer les cours de grammaire ?

c) Les étudiants devraient-ils pouvoir établir leur propre programme d'apprentissage du français, en autonomie, d'après un menu à la carte ?

d) Sylvain : *La meilleure façon d'apprendre une langue est de tomber amoureux de quelqu'un du pays ou de tomber amoureux du pays.*

4- Jeux de rôle

À deux ou à plusieurs, improvisez ou préparez votre scénario et soyez prêts à le jouer devant le reste du groupe.

a) Vous êtes interviewé(e)(s) par un journaliste d'une chaîne de radio ou de télévision réalisant une émission sur la façon dont les langues sont enseignées dans votre pays.

b) Vous rencontrez un des étudiants de l'Unité 1 : vous confrontez vos expériences et échangez vos points de vue respectifs.

c) Vous n'êtes pas du tout d'accord avec votre ami(e) sur la meilleure façon d'apprendre une langue.

d) Vous essayez de rassurer un(e) ami(e) stressé(e) par les examens qui approchent.

e) Votre meilleur(e) ami(e) est tombé(e) amoureux(euse) en France, pendant les vacances, de "quelqu'un du pays".

5- Simulation

Vous participez, en tant qu'enseignant(e) ou étudiant(e), à une réunion organisée par la personne responsable des études de français de votre institution. Il (ou elle) souhaite en effet introduire une réforme des méthodes d'enseignement et des programmes, et désire entendre les points de vue des principaux intéressés. La discussion est animée.

6- Sondage

Préparez un questionnaire permettant d'avoir une idée de l'expérience et des préférences de chaque membre de votre groupe en ce qui concerne le niveau d'études, les méthodes d'enseignement et d'évaluation, etc. Analysez les réponses et présentez les résultats sous forme d'exposé ou de tableau.

B .... Communication écrite ....

1- Lettre

Vous écrivez une lettre à l'un(e) des étudiant(e)s de l'Unité 1 avec qui vous souhaitez correspondre. Vous vous présentez, et vous lui dites pourquoi vous avez envie de correspondre, ce qui vous a attiré(e) dans ce qu'il (ou elle) a dit, en quoi vous partagez sa façon de voir les choses, ou au contraire pourquoi vous n'êtes pas du tout d'accord.

2- Rédaction

Vous êtes au seuil d'une nouvelle année d'apprentissage du français. Quelles sont vos attentes ?

3- Article

a) Vous rédigez un court article pour le bulletin de la section de français où vous exprimez comment vous concevez votre propre rôle, ainsi que le rôle de vos professeurs, dans votre apprentissage du français.

b) Le magazine *L'Étudiant* vous demande d'écrire un bref article sur l'apprentissage des langues dans votre pays.

4- Résumé

Résumez en 150 mots le contenu de l'unité.

5- Journal de bord

Rédigez un "journal de bord" dans lequel vous notez le travail effectué, les recherches entreprises ainsi que vos réactions personnelles tout au long de cette première unité*.

VI - GROS PLAN SUR LA LECTURE

Test : Où sont vos atouts ?

Pour bien apprendre une langue, il faut déjà bien se connaître. Après, tout est affaire de méthodes...

Vous aimez les jeux de rôle, ils ennuient votre voisin, il apprend ses verbes en les recopiant, ça vous paraît stupide. Il s'est montré incapable de trouver une salle de concert alors qu'il est plutôt du style fort en thème. Vous l'avez sans doute constaté : chacun apprécie différemment les langues étrangères, les utilise différemment, les apprend différemment. Les langues vivantes ne sont pas une discipline neutre, sans doute parce qu'elles servent à communiquer avec les autres, à exprimer des sentiments, des idées. Et qu'il est moins naturel de le faire dans une langue étrangère que dans sa propre langue. C'est pourquoi nos attitudes et nos manières d'apprendre sont aussi différentes. Les linguistes (les chercheurs en langues) appellent cela des "profils d'apprenants".

Il y a ceux qui aiment rencontrer des étrangers, ceux qui se bloquent dès qu'ils ne comprennent pas un mot, ceux qui se sentent ridicules lorsqu'ils parlent une langue étrangère. Certains profils sont-ils meilleurs que d'autres ? En fait, chacun a ses qualités et ses défauts. L'essentiel, c'est de bien connaître le sien, pour améliorer ses méthodes de travail.

Trouvez votre profil

Pour chacune de ces phrases, entourez le sigle correspondant si vous vous reconnaissez dans l'attitude qu'elle décrit.

❑   Dans un train, dans le métro, je tends l'oreille quand des étrangers parlent.

---

* Poursuivez ce travail pour toutes les unités (la rubrique "Journal de bord" y est toujours mentionnée mais sans consigne).

○ J'aime bien aller au labo.

✳ Je préfère me corriger moi-même.

✳ J'ai de bons résultats en grammaire.

△ Faire des fautes me tracasse.

❑ Faire des fautes ne me tracasse pas pour le moment.

✳ Ma prononciation est meilleure quand je lis que quand je parle.

△ J'ai tendance à apprendre par cœur.

△ Quand je lis, je vais lentement car j'aime bien tout comprendre.

○ J'aime faire des jeux en cours de langue.

✳ J'aime trouver mes propres règles, mes propres exemples.

○ J'aime imiter un étranger qui parle français avec un accent marqué.

❑ J'accepte qu'il reste des choses que je ne comprends pas.

△ Pour comprendre ou parler, j'ai tendance à passer par ma propre langue.

❑ En cours, j'aime bien parler de moi et de mes centres d'intérêts.

○ J'aime inventer des dialogues et des histoires.

✳ J'aime faire des tableaux avec les conjugaisons.

△ Quand j'ai du mal à exprimer quelque chose, je préfère me taire.

○ J'aime lire le compte rendu d'un match ou une interview dans la presse étrangère.

❑ Je ne suis pas timide à l'oral.

✳ Quand j'entends une autre langue, je me bloque facilement sur un mot que je ne comprends pas.

△ Je ferai plus de progrès avec un cours intensif qu'avec un séjour linguistique.

❑ J'aime bien quand un(e) assistant(e) de langue vient en cours.

○ J'aime que les activités en cours soient variées.

Méthodes : apprenez comme vous aimez

Vous avez coché un maximum de ❑ : vous êtes un **COMMUNICATIF**.

La langue est avant tout pour vous un moyen de communiquer avec les autres. Les activités réalisées en cours doivent de préférence vous faire découvrir une autre culture. Toutes les occasions de parler avec des étrangers sont bonnes pour vous. Même si c'est avec un vocabulaire et des structures de phrase limités. Peu vous importent les fautes, vous n'hésitez pas à vous lancer.

QUALITÉS : Vous avez une approche globale des textes. Vous ne vous noyez pas dans le détail, ne bloquez pas sur un mot inconnu. Exploitez ces capacités pour améliorer votre compréhension orale et écrite. Lisez des journaux français régulièrement. Regardez des émissions de télévision.

DÉFAUTS : Vous avez un peu tendance, compte tenu de vos facilités, à vous reposer sur vos acquis. Les langues aussi nécessitent un travail régulier. Autre défaut : vous n'approfondissez pas assez. Vous manquez de précision, vous répugnez à apprendre par cœur. Or c'est parfois indispensable pour créer des automatismes. La grammaire vous ennuie : tant pis. Elle est indispensable.

COMMENT TRAVAILLER : Pour approfondir, efforcez-vous, après la lecture d'un texte, après avoir visionné une émission de télévision, de l'analyser un peu. Qui écrit ou filme ? Où, quand et pourquoi ? Apprenez vos verbes irréguliers, les exceptions grammaticales et les faux amis. Forcez-vous à faire des exercices, ou des analyses grammaticales à partir d'articles de journaux, si cela vous ennuie moins.

Vous avez coché un maximum de ○ : vous êtes un **CONCRET.**

Labo de langue, sketches, chansons : vous appréciez la variété dans les cours, l'imprévu vous stimule. Vous aimez travailler avec du matériel : jeux, cassettes, logiciels. Vous passez de moins en moins par votre propre langue pour vous exprimer. La langue étrangère est pour vous l'occasion d'exercer votre imagination. Les tests de grammaire vous plaisent moins que le travail d'expression libre, ou les jeux de rôle.

QUALITÉS : Vous êtes un créatif, vous aimez jouer avec la langue. Exploitez ce don. Vous êtes le type d'étudiant qui ne brille pas forcément en cours, mais fait des merveilles devant son ordinateur. Profitez du labo de langues, faites du théâtre en langue étrangère, des mots croisés et autres jeux.

DÉFAUTS : Vous êtes un peu brouillon. Vous avez aussi tendance à ne voir dans la langue qu'un objet à manipuler.

COMMENT TRAVAILLER : Pour mieux "dompter" votre désordre : reprenez vos cours, classez vos polycopiés. Soulignez dans le cours les mots nouveaux, encadrez les structures grammaticales. Constituez-vous des listes de vocabulaire à apprendre dans le contexte. Pour améliorer votre culture, penchez-vous sur la civilisation du pays, dont vous étudiez la langue, en achetant des journaux, en regardant la télévision, en lisant de la littérature en langue originale. De nombreux éditeurs proposent aussi en livres de poche des collections bilingues.

Vous avez coché un maximum de Δ : Vous êtes un **SCOLAIRE.**

Les langues étrangères sont pour vous une discipline comme les autres. Vous ne voyez pas l'occasion, du moins actuellement, d'exploiter vos connaissances. Vous concentrez trop votre travail sur les devoirs et les examens.

QUALITÉS : Vous avez probablement toujours été ce qu'on appelle "un bon élève". Vous pourrez décrocher une bonne note aux examens, en appliquant à la lettre ce qu'on vous a appris en cours, plus difficilement une excellente note.

DÉFAUTS : Vous manquez d'imagination, et surtout de confiance en vous. Comme les analytiques, vous avez tendance à oublier qu'une langue, ça vit !

COMMENT TRAVAILLER : Pour pallier votre manque d'imagination, essayez de construire de nouvelles phrases ou des mini-rédactions à partir du vocabulaire que vous venez d'apprendre. Pour mieux communiquer dans la langue, multipliez les occasions de rencontrer des étrangers. Lisez des romans, allez voir des films en version originale. N'hésitez pas à prendre la parole en cours. Ce n'est qu'en faisant des fautes que l'on progresse.

Vous avez coché un maximum de ✳ : vous êtes un **ANALYTIQUE.**

Vous savez que la langue étrangère est un système organisé, vous aimez en observer la construction, vous éprouvez le besoin de décortiquer les phrases dans le détail. Mais vous savez être sélectif : retenir seulement ce qui est utile, et non la totalité des éléments nouveaux. Vous préférez travailler seul, souvent à partir des erreurs que vous avez faites. Vous aimez élaborer vos propres règles, plutôt que d'apprendre bêtement celles du prof ou du manuel. Vous n'aimez pas qu'on vous donne tout de suite la traduction d'un texte. C'est une insulte à votre intelligence !

QUALITÉS : Vous êtes autonome, l'apprenant rêvé pour tous les profs.

DÉFAUTS : Vous êtes un perfectionniste, vous vous noyez parfois dans le détail, d'où une certaine lenteur. Comme les concrets, vous avez aussi tendance à oublier que la langue est un outil de communication.

COMMENT TRAVAILLER : Pour améliorer votre vitesse, entraînez-vous à lire des textes en acceptant de ne pas tout comprendre. Soulignez les phrases et les mots essentiels, qui vous aideront à deviner le sens général du texte. Résumez-le en quelques phrases-clés. Cela vous fera un bon exercice de synthèse.

CONCLUSION : Les frontières entre chaque profil ne sont pas aussi rigides qu'il y paraît ici. On peut être un communicatif concret ou un analytique scolaire. Certaines qualités ou certains défauts sont partagés par plusieurs catégories. Communicatifs et scolaires n'exploitent pas assez leurs erreurs. Analytiques et scolaires manquent un peu d'imagination. Aussi, n'hésitez pas à jeter un coup d'œil sur les autres catégories.

Adapté de Grandcolas B. et Lanchon A., *in : Phosphore*,
© Bayard Presse, mars 1993.

Les mots et les dictionnaires

Principaux objectifs

- Savoir mieux utiliser les dictionnaires monolingues et les dictionnaires bilingues.
- Découvrir la "passion des mots" de Josette Rey-Debove.
- Se familiariser avec "la métalangue", c'est-à-dire le langage qui sert à décrire la langue.
- Repérer et analyser les temps du passé.
- Étudier les pronoms relatifs.
- Se familiariser avec la prise de notes.

I - GROS PLAN SUR LA COMPRÉHENSION

- **Les grandes écoles** : ce sont des établissements d'enseignement supérieur qui ne dépendent pas des universités. Il existe des grandes écoles d'ingénieurs : Polytechnique (qui dépend du ministère de la Défense), Centrale, les Mines, Télécommunications, etc. ; d'autres de commerce : HEC (Hautes Études Commerciales), "Sup de Co" (École Supérieure de Commerce), ESSEC (École Supérieure d'Enseignement Commercial), etc. Les cinq Écoles normales supérieures préparent à l'enseignement et à la recherche dans toutes les disciplines. Le recrutement de toutes ces écoles se fait sur concours, généralement deux ans après le bac.
- **L'ÉNA** (École Nationale d'Administration) : cette école forme les futurs hauts fonctionnaires. Les étudiants qui se présentent au concours ont déjà terminé d'autres études, souvent en droit ou en sciences politiques.
- **Le Petit Robert** : il s'agit du premier dictionnaire analogique français, c'est-à-dire un dictionnaire qui donne non seulement les définitions des mots, mais renvoie systématiquement à d'autres mots : synonymes, contraires, etc. Le Petit Larousse est à la fois un dictionnaire de définitions et un dictionnaire encyclopédique illustré. Ce sont des ouvrages de référence très appréciés, consultés et souvent cités.

Pendant le visionnement de cette unité, entraînez-vous à prendre des notes (v. p 12).

A · Les dictionnaires monolingues

Séquence 1 - Un outil d'apprentissage

Faites la liste de toutes les informations que l'on peut trouver dans un dictionnaire monolingue comme le Petit Robert. Lesquelles sont particulièrement utiles pour des étrangers ?

Séquence 2 - Les mots qui posent des problèmes

1. Quels types de mots posaient des problèmes en 1967, lorsque le Petit Robert est sorti ?
2. Quels types de mots posent des problèmes maintenant ?
3. Quelle est la position du lexicographe ?

Séquence 3 - Les mots qui changent

Comment la prononciation de certains mots a-t-elle évolué ? Donnez des exemples de mots créés à partir de sigles. Pourquoi, selon Josette Rey-Debove, les sigles sont-ils aussi fréquents ?

Séquence 4 - Promenade d'un mot à l'autre

Quel conseil Josette Rey-Debove donne-t-elle à ceux qui consultent un dictionnaire ? Pourquoi ? Est-ce qu'elle aime son travail ?

B················ **L**es dictionnaires bilingues ················

Relevez toutes les catégories grammaticales mentionnées par Alain Duval. En quoi connaître ces catégories va-t-il aider les étudiants ?

II - G R O S   P L A N   S U R   L E   L E X I Q U E

A················ **A**utour d'un thème ················

Les niveaux de langue	La prononciation
le langage neutre / ordinaire	les sons
le langage familier	une consonne / semi-consonne
le langage populaire	une voyelle / semi-voyelle
le langage vulgaire	une syllabe
le langage académique	une pause
le langage recherché	une liaison
le langage soutenu	l'accentuation
l'argot	l'intonation
le verlan	le rythme

Les mots		
Substantifs		Expressions
un mot-clef	un mot de passe	traduire mot à mot
un mot-valise	le mot de la fin	tenir des propos mensongers / injurieux /
un mot tronqué	un gros mot	insultants
un mot d'esprit	un mot doux / tendre	avoir des mots avec quelqu'un

Les mots (suite)		
Substantifs		Expressions
un synonyme	des mots aigres	ne pas souffler mot
un homonyme	des mots durs	chercher / peser / ne pas mâcher ses mots
un antonyme	un mot tabou	donner sa langue au chat
un jeu de mots	une charade	prendre quelqu'un au mot
un calembour	une devinette	se donner le mot

B .... **D'**un mot à l'autre ....

1- Les familles de mots

Trouvez les adjectifs dérivés des substantifs suivants :

abus / danger / idéologie / masse / pureté

2- Les sigles

Les sigles suivants sont très courants en France :

HLM / PDG / RER / SDF / SIDA / SMIC / SNCF / TGV

En vous aidant des définitions données ci-dessous, dites ce que ces sigles signifient ou ce qu'ils désignent :

le métro-train qui dessert le centre et la banlieue de Paris / un logement bon marché / un train ultra-rapide / une maladie du système immunitaire / l'organisme responsable des chemins de fer français / un sans abri / un patron / le salaire de base

3- Les mots tronqués

À partir des mots tronqués suivants, réécrivez les mots entiers :

appart' / bac / biblio / cafet' / ciné / dico / exo / expo / fac /

frigo / infos / prof / pub / restau / Sciences Po / Sécu

III - GROS PLAN SUR LA GRAMMAIRE

A .... **L**a métalangue ....

Connaître les termes de grammaire les plus utilisés fait gagner du temps et aide à comprendre le fonctionnement des structures dans la phrase. C'est également essentiel pour bien utiliser un dictionnaire.

1 - Dans l'extrait suivant, trouvez des exemples correspondant aux catégories grammaticales données en tableau :

Oui, il y a des mots qui posent des problèmes en France, actuellement. Autrefois, en 1967, lorsque le premier Petit Robert est sorti, ce qui posait le plus de questions, c'étaient les mots de la sexualité et les mots considérés comme vulgaires, par exemple, "con" et "connerie" n'étaient pas dans le premier Petit Robert. Mais aujourd'hui, les choses ayant évolué comme vous le savez, et la sexualité passant beaucoup mieux dans la société, il y a toujours des difficultés d'ordre politique, idéologique, notamment des problèmes raciaux. Il faut lutter pour faire comprendre aux ligues, par exemple, aux ligues antiracistes, que si l'on met "youpin" dans un dictionnaire de langue, c'est pas parce qu'on est antisémite, c'est parce que le mot s'emploie, et ça, c'est très difficile à faire comprendre. On est donc obligé... on est tenu par ces ligues, de mettre devant le mot "injure raciste" hein, c'est un moyen de pouvoir signaler le mot, tout en se distançant évidemment de son contenu qui est ignoble hein, mais le lexicographe malheureusement ne fait pas de morale, il relève tous les mots et les pires idéologiquement hein, les pires. Donc, la plupart de nos problèmes viennent des questions idéologiques, racisme, politique, immigration aussi.

Noms	nom commun - EXEMPLES : *mot* (m.), *problème* (m.), *question* (f.) nom propre
Adjectifs	
Déterminants	article indéfini / article défini / adjectif démonstratif / adjectif possessif
Pronoms	pronom personnel / pronom indéfini / pronom relatif
Verbes	verbe transitif / verbe intransitif / verbe pronominal / participe passé / participe présent
Adverbes	
Prépositions	
Conjonctions	de coordination / de subordination

2 - Il est également important de comprendre la fonction grammaticale des divers éléments d'une phrase. Donnez deux exemples de chacune des catégories suivantes :
- sujet,
- complément d'objet direct,
- complément d'objet indirect.

3 - Choisissez, à tour de rôle, seul(e) ou en équipe, des mots qui ont un sens différent selon qu'ils appartiennent à des catégories grammaticales distinctes (nom, adjectif, adverbe, etc.), par exemple : **bien, prêt, devoir**. Demandez à votre partenaire ou à l'équipe adverse de retrouver les diverses catégories et de donner une phrase pour illustrer les différents sens.

B ·········· Les temps du passé ··········

1 - Opposition passé composé / imparfait

Notez les verbes au passé composé et à l'imparfait dans les phrases ci-dessous, adaptées de l'entretien de Josette Rey-Debove.

Quels verbes correspondent à un moment précis, bien déterminé dans le temps ?

Quels verbes sont moins précisément délimités dans le temps et correspondent plus à une situation ou à un état de fait ?

> *En 1967, lorsque le premier* Petit Robert ***est sorti**, ce qui **posait** le plus de questions, **c'étaient** les mots de la sexualité et les mots considérés comme vulgaires, par exemple "con" et "connerie" n'**étaient** pas dans le premier* Petit Robert.
>
> *C'est une coutume assez récente d'employer des dictionnaires monolingues pour un apprentissage d'une langue étrangère et je pense que c'est une assez bonne habitude : elle **a été rendue** possible par des informations absolument nécessaires qui **manquaient** autrefois, la prononciation par exemple, la transcription phonétique des mots **a permis** aux étrangers de se faire une idée du mot oral et pas seulement de connaître le mot écrit, ce qui est tout à fait insuffisant.*

2 - Opposition plus-que-parfait / passé composé / imparfait

Observez et commentez l'emploi des temps dans cet extrait.

> *On **s'est aperçu** par exemple que les prononciations du français **avaient changé**, non pas qu'il **est arrivé** des accidents à quelques mots, ce qui est normal dans l'histoire d'une langue, mais que des règles de prononciation **avaient changé** en vingt-cinq ans, par exemple que le "e" caduc, celui qu'on ne prononce pas d'habitude, **commençait** à être prononcé. On entend beaucoup plus maintenant revenir, rejeter : vous voyez, autrefois on disait "rej'ter", on disait "ch'veux", "ch'veux" c'**était** la seule prononciation normale pour cheveux, "vous avez de très beaux cheveux" maintenant dit le coiffeur ; autrefois c'**était** "des ch'veux", il y **avait** une seule syllabe ; il y a des règles vraiment qui **ont changé**, ensuite la formation des mots **a changé**.*

3 - Vérification

À vous maintenant de vérifier vos connaissances en ce qui concerne les temps du passé.

a) Quelles sont les terminaisons de l'imparfait ? Donnez la première personne du singulier des verbes suivants :

> boire / connaître / craindre / croire / faire / lire / mettre / peindre / prendre / voir

b) Comment sont formés le passé composé et le plus-que-parfait ?

Quels sont les participes passés des verbes suivants ?

- avoir / être,
- devoir / pouvoir / vouloir,

- boire / connaître / craindre / croire / écrire / faire / lire / mettre / offrir / ouvrir / peindre / prendre / recevoir / savoir / suivre / tenir / venir / voir.

c) Quels sont les verbes qui sont conjugués avec l'auxiliaire **être** au passé composé et au plus-que-parfait ?

4- Exercice sur les temps du passé

Dans l'extrait qui suit, tiré de *Mignonne, allons voir si la rose...* de Cavanna, (Belfond 1989, p. 152), mettez chaque verbe entre parenthèses au temps du passé qui vous semble le mieux convenir.

"Au fil des siècles, le sens que nous attachons aux mots évolue généralement dans la direction de l'amoindrissement, de l'affadissement. Prenons l'exemple bien connu d' 'étonné' qui (1) ..._signifiait_.. (signifier) encore, au temps de Voltaire, 'être frappé par la foudre', ce que nous exprimerions aujourd'hui par 'foudroyé' au sens littéral du terme.

Il est cependant un verbe qui (2) ..._a évolué_.. (évoluer) en sens contraire, chose remarquable. C'est 'décimer'.

'Décimer', à l'origine, (3) ..._était_.. (être) un terme du langage militaire. Dans les légions romaines, et dans d'autres armées par la suite, une unité qui (4) ..._s'était mal comportais_.. (mal se comporter) devant l'ennemi (5) .... (pouvoir) être punie de la décimation. On (6) .... (faire aligner) les gars sur un rang, on (7) .... (ordonner) 'Comptez-vous par dix. Chaque dixième homme, un pas en avant'. Et puis, tous ces dixièmes-là, on les (8) .... (fusiller), ou on leur (9) .... (couper) la tête, enfin, bon, (10) on .... (procéder) comme il (11) .... (être) d'usage de procéder à l'époque concernée.

... Or, aujourd'hui, surtout dans les journaux et à la télé, on emploie systématiquement 'décimer' pour donner à entendre que la quasi-totalité de l'effectif (12) .... (être détruit). On attache à 'décimer' une connotation terrifiante."

Les pronoms relatifs

1 - Analysez l'emploi des pronoms relatifs dans les extraits qui suivent.

> *Ces exemples sont intéressants dans la mesure où ce sont les expressions les plus courantes **où** figure le mot.*
> *Ceci n'a pas de relation avec les choses **que** les mots désignent.(...).*
> *Il y a des règles vraiment **qui** ont changé, ensuite la formation des mots a changé.*
> *Le sigle a pris beaucoup d' importance – est-ce que c'est pour parler plus vite ? Je ne sais pas (...). Est-ce que c'est pour cacher les choses dont on parle ? (...) enfin le sigle est devenu très important et on dérive sur des sigles, c'est-à-dire sur la BD, par exemple la bande dessinée, on parle de bédéphile, celui **qui** aime la bande dessinée, sur E N A, l'École Nationale d'Administration **que** l'on prononce Éna, on a fait les énarques, ceux **qui** sortent de l'École Nationale d'Administration et l'Énarchie (...),*

*c'est devenu un procédé tout à fait normal. Je ne parle même pas, enfin pas trop long-temps, des mots tronqués, c'est-à-dire tous ces mots **dont** on ne donne que la premiè-re partie et **qui** sont pour certains très familiers, mais pour d'autres pas du tout.*

Vérifiez que vous comprenez à quel nom ou quel pronom démonstratif chaque pronom rela-tif se rapporte (c'est-à-dire quel est son antécédent). Vérifiez aussi que vous comprenez ce qui distingue **qui** de **que** et **dont** de **où**.

2 - Complétez les phrases suivantes avec le pronom relatif qui convient :
- C'est un dictionnaire (1) .... donne l'étymologie des mots.
- Le bilingue (2) .... le professeur recommande coûte malheureusement cher.
- La librairie (3) .... je l'ai acheté vend aussi des livres d'occasion (4) .... coûtent moins cher.
- C'est un outil de travail (5) .... tout le monde est content.
- Je n'ai pas trouvé les documents (6) .... j'avais besoin à la bibliothèque.
- L'étudiant (7) .... devait faire un exposé cette semaine est absent.
- Les catégories grammaticales (8) .... il a mentionnées sont expliquées dans le livre (9) .... je t'ai parlé.
- C'est la salle (10) .... on peut consulter les dictionnaires électroniques.

3 - Repérez et analysez les constructions **ce qui** et **ce que** dans les extraits suivants.

*Il y a **ce qu'**on appelle la phraséologie, c'est-à-dire des exemples nombreux qui mon-trent comment le mot est employé. (...) Le dictionnaire de langue comme le Robert donne aussi de la littérature française, **ce qui** est utile pour un étudiant étranger qui n'est pas toujours familiarisé avec tous les auteurs. (...) Autrefois en 1967, lorsque le premier Petit Robert est sorti, **ce qui** posait le plus de questions, c'étaient les mots de la sexualité et les mots considérés comme vulgaires. (...) On s'est aperçu par exemple que les prononciations du français avaient changé, non pas qu'il est arrivé des acci-dents à quelques mots, **ce qui** est normal dans l'histoire d'une langue, mais que des règles de prononciation avaient changé en vingt-cinq ans, par exemple que le "e" caduc, celui qu'on ne prononce pas d'habitude, commençait à être prononcé.*

ce dont

4 - Synthèse : **qui / que / dont** ? ou **ce qui / ce que / ce dont** ?
- (1) ce que j'ai besoin, c'est d'un bon dictionnaire !
- Vous allez trouver (2) ce que vous cherchez dans l'introduction.
- Les mots (3) que lui ont posé le plus de problèmes sont les injures racistes.
- Les sigles cachent parfois les choses (4) dont on parle.
- Il va falloir vérifier (5) ce que vous trouvez .
- (6) ce que il a dit me surprend beaucoup.
- (7) Ce qui lui plaît particulièrement, c'est de lire une page de dictionnaire du début à la fin.
- Le groupe d'étudiants (8) dont vous faites partie va travailler sur les mots tronqués. C'est vous (9) qui allez rapporter les résultats de vos recherches aux autres.
- (10) Ce qui nous a le plus frappés, c'est son enthousiasme et sa passion pour les mots.

IV - GROS PLAN SUR LES MANIÈRES DE DIRE

❶- Les articulateurs

Alain Duval structure rigoureusement ses propos : relevez toutes les expressions qui lui permettent d'articuler sa pensée et de présenter ce qu'il dit d'une façon logique.

❷- Présenter ce que l'on dit de façon vivante

Josette Rey-Debove essaie de nous convaincre. Elle interpelle son interlocuteur, utilise l'accumulation et les questions rhétoriques (question qui n'est pas une vraie question) dans la dernière partie de la séquence 3. Relevez quelques exemples de ces différents procédés dans les séquences 2, 3 et 4.
EXEMPLE : *questions idéologiques, racisme, politique, immigration* (Séq. 2).

V - GROS PLAN SUR LA COMMUNICATION

A .... **C**ommunication orale ....

❶- Tour de table

Quels dictionnaire(s) (monolingue / bilingue, etc.) utilisez-vous ? Donnez votre opinion sur les diverses possibilités d'emploi suggérées par Josette Rey-Debove.

❷- Travail à deux

a) Comparez le traitement du mot **mariage** dans deux éditions différentes du *Petit Robert*, celle de 1967 et celle de 1997 (p. 42). Notez les principaux changements. Que révèlent-ils ?
b) Les mots **beur**, **infographie**, **informatique**, **Sida**, **vidéo** n'apparaissent pas dans l'édition de 1967 du *Petit Robert*. À deux, établissez une liste de mots qui, selon vous, ne sont probablement pas donnés dans un dictionnaire publié il y a un certain temps.

❸- Débats

a) Les dictionnaires sont parfois admis pendant les épreuves d'un examen de langue. Est-ce une bonne idée ? Donnez les arguments pour et contre.
b) L'orthographe du français est difficile pour beaucoup de Français et d'étrangers. Quelles difficultés votre propre langue présente-t-elle ? Êtes-vous en faveur d'une réforme pour une plus grande simplicité ?
c) Les langues meurent aussi... Y a-t-il dans votre pays une langue parlée par vos ancêtres mais en voie de disparition ? Faut-il préserver les langues qui sont menacées de disparition ?
d) Le mariage : êtes-vous pour ou contre la définition de l'édition du *Petit Robert de* 1997 ?

4 - Jeux de rôle

a) Un étudiant souhaite pouvoir utiliser un dictionnaire pendant l'examen de français, et un professeur s'y oppose.

b) Un représentant de commerce spécialisé dans la vente à domicile des dictionnaires et/ou encyclopédies se trouve face à un(e) client(e).

5 - Simulation

Quel français faut-il enseigner ? Faut-il se limiter à un français standard conforme aux livres de grammaire traditionnels ? Faut-il exclure les termes vulgaires et/ou racistes ? Des enseignants ayant des points de vue divergents sur ces questions ont un débat avec des étudiants.

6 - Sondage

Préparez un questionnaire qui permettra d'établir quel français les étudiants souhaitent étudier. Prévoyez également une section sur le rôle des dictionnaires dans l'apprentissage.

B .... Communication écrite ....

1 - Lettre

a) À la suite d'une réunion d'étudiants, vous écrivez une lettre à la personne responsable de l'enseignement du français dans votre établissement pour demander l'autorisation d'utiliser un dictionnaire pendant les examens. Vous présentez vos arguments en anticipant les objections possibles.

b) Vous écrivez à Josette Rey-Debove pour lui faire part de vos réactions à la suite de votre visionnement de l'entretien.

2 - Rédaction

a) Quels rôles jouent les dictionnaires dans votre apprentissage du français ? Donnez votre point de vue personnel.

b) Écrivez un bref rapport sur l'évolution des mentalités en France entre les années 60 et les années 90, telle qu'elle est reflétée dans l'article sur le mariage des deux éditions (67 et 97) du *Petit Robert*. Considérez en particulier les définitions du mot et les citations de Stendhal. Vous pouvez aussi vous appuyer sur ce que dit Josette Rey-Debove au cours de l'entretien.

3 - Article

a) Vous faites un compte rendu de l'entretien de Josette Rey-Debove pour le journal de français de votre institution.

b) La série des bandes dessinées *Astérix* est-elle traduite dans votre langue maternelle ? Si oui, écrivez un court article où vous analysez les problèmes que pose la traduction, et où vous dites ce que vous pensez de la façon dont ils ont été résolus par le traducteur / la traductrice.

4- Résumé

Résumez le contenu de l'unité en une centaine de mots.

5- Journal de bord

VI - GROS PLAN SUR LA LECTURE

Du participe passé

1   Quand, à l'horizon du cours de français, se lève pour la première fois, nuage lourd de menaces, le participe passé conjugué avec l'auxiliaire "avoir", l'enfant comprend que ses belles années sont à jamais enfuies et que sa vie sera désormais un combat féroce et déloyal contre des éléments acharnés à sa perte. (...)

5   Pourtant, s'il est une règle où l'on ne peut guère reprocher à la grammaire de pécher contre la logique et la clarté, c'est bien celle-là. Que dit-elle ?
Elle dit ceci :
Le participe passé conjugué avec l'auxiliaire "avoir" s'accorde en genre et en nombre avec le complément d'objet direct lorsque celui-ci est placé avant le verbe. Il reste invariable si

10   le complément d'objet direct est placé après le verbe. Il ne s'accorde jamais avec le sujet. Quoi de plus lumineux ? Prenons un exemple :
"J'ai mangé la dinde."
Le complément d'objet direct "la dinde" est placé après le verbe. Quand nous lisons "J'ai mangé", jusque-là nous ne savons pas ce que ce type a mangé, ni même s'il a l'intention

15   de nous faire part de ce qu'il a mangé. Il a mangé, un point c'est tout ! La phrase pourrait s'arrêter là. Donc, nous n'accordons pas "mangé", et avec quoi diable l'accorderionsnous ? Mais voilà ensuite qu'il précise "la dinde". Il a, ce faisant, introduit un complément d'objet direct. Il a mangé QUOI ? La dinde. Nous en sommes bien contents pour lui, mais ce renseignement arrive trop tard. Cette dinde, toute chargée de féminité qu'elle soit,

20   ne peut plus influencer notre verbe "avoir mangé", qui demeure imperturbable. Notre gourmand eût-il dévoré tout un troupeau de dindes qu'il en irait de même : "mangé" resterait stoïquement le verbe "manger" conjugué au passé composé.
Maintenant, si ce quidam écrit "La dinde ? Je l'ai mangée" ou "La dinde que j'ai mangée", alors là, il commence par nous présenter cette sacrée dinde. Avant même d'ap-

25   prendre ce qu'il a bien pu lui faire, à la dinde, nous savons qu'il s'agit d'une dinde. Nous ne pouvons plus nous dérober. Nous devons accorder, hé oui. "Mangée" est lié à la dinde (c'est-à-dire à "l" ou à "que", qui sont les représentants attitrés de la dinde) par-dessus le verbe, par un lien solide qui fait que "mangée" n'est plus seulement un élément du verbe "manger" conjugué au passé composé, mais également une espèce

30   d'attribut de la dinde. Comme si nous disions "La dinde EST mangée".

Cavanna, *Mignonne allons voir si la rose...*, © Éditions Belfond, 1989, pp. 135-137.

Le dictionnaire-oreiller

1 Mon père m'avait acheté un dictionnaire pour enfants. Ce fut mon premier cadeau. Un livre d'images où les mots étaient écrits en gros, expliqués et illustrés. J'apprenais des mots par cœur sans toujours les comprendre. (...)

Je dormais souvent le dictionnaire sous l'oreiller. J'étais persuadée que les mots
5 allaient, la nuit, le traverser et venir s'installer dans des cases prêtes pour le rangement. Les mots quitteraient ainsi les pages et viendraient s'imprimer dans ma tête. Je serais savante le jour où, dans le livre, il n'y aurait que des pages blanches. Tous les matins, je vérifiais l'état des choses. La première page dont j'avais avalé les mots était celle consacrée à la pierre. (...)

10 Une nuit, je supprimai l'oreiller et mis ma tête directement sur le livre magique. J'eus du mal à m'endormir. Ce n'était pas confortable. C'était peut-être à cause de ce manque de respect pour le livre que je fis un cauchemar.

Je me trouvais de nouveau au village, assise sous l'arbre, à garder les vaches. Tout d'un coup, je vis arriver vers moi des mots géants, tous armés de pelles. Ils marchaient en se
15 dandinant. Ceux qui avaient aux pieds des *l* avançaient sans problème, mais ceux qui se terminaient par des *s* ou des *y*, avaient du mal à suivre le rythme de l'invasion. Deux lignes tracées probablement par un *i* couché m'attachèrent contre l'arbre. Elles me ficelèrent et firent un nœud avec plusieurs *œ*. Un grand *Y* me tenait la bouche ouverte, chaque œil était maintenu par un *I* majuscule. Les mots entrèrent en masse avec le
20 matériel de balayage et vidèrent ma tête de tout ce qu'elle avait accumulé en une année. Mes yeux grands ouverts assistaient impuissants au déménagement collectif. Le verbe "prendre" ramassait tout ce que j'avais appris sur la "pierre" ; les *r* se retrouvaient comme les *e* et les *p* ; restaient les *n* et les *d* ; ils furent chargés de tenir le sac où furent versés tous les autres mots de la fameuse page. Il y eut une petite guerre brève mais effi-
25 cace entre les mots français et les mots berbères. Je fus défendue avec fermeté et courage. Les mots berbères ne se laissaient pas faire. Ils avaient formé une ligne de défense contre les envahisseurs. La bataille fut rude. J'en sus quelque chose avec la forte migraine qui s'ensuivit. Il y eut quelques blessés, notamment certains mots composés : le "rez-de-chaussée" gisait à la sortie, "arc-bouté" s'était cassé en quatre, "foie" avait perdu son
30 *e*, il tournait en rond parce que, tout d'un coup, il était devenu féminin, "bijoux-genoux-cailloux" se mettaient des *s* à la place des *x*. Les rares mots arabes que je connaissais se mêlèrent à la bataille. Ils renforcèrent la ligne de défense.

Le réveil fut difficile. Je pleurais comme une folle. J'avais mal à la tête et aux yeux. En bâillant, ma mâchoire se coinça. J'eus peur. Ma mère, attirée par mes pleurs, vint me
35 consoler. Je n'osais pas lui raconter mon rêve. Le plus urgent, c'était de vérifier s'il y avait réellement des dégâts. J'ouvris le dictionnaire. Tout y était en ordre. Les mots étaient sages. Rien n'avait bougé. Je me mis à réciter la page "pierre". Mes acquisitions étaient toujours là. Je souriais. Ce n'était qu'un mauvais rêve, un tour joué par l'oreiller abandonné. La nuit suivante, je dormis avec le dictionnaire entre mes bras.

Tahar Ben Jelloun, *Les Yeux baissés*, © Éditions du Seuil, 1991, pp. 78-79.

Le Petit Robert : le mot mariage

MARIAGE [maʀjaʒ]. *n. m.* (XIIᵉ; *de marier*).
I. ♦ 1º Union légitime d'un homme et d'une femme. *Contracter mariage, un mariage.* V. **Alliance, conjungo** *(fam.),* **hymen** *(vx),* **union.** *Mariage civil,* contracté devant l'autorité civile. *Mariage religieux,* qui en France suit le mariage civil des personnes ayant une religion. *Mineur émancipé par le mariage. Acte de mariage. Contrat de mariage :* qui règle le régime des biens des époux. *Enfants nés d'un premier, d'un second mariage.* V. **Lit.** *Mariage putatif. Dissolution du mariage par divorce ou par décès de l'un des conjoints. Mariage morganatique. Mariage de la main gauche*. Mariage blanc,* chaste. *Un mariage heureux, un bon mariage.* V. **Union.** — *Action, fait de se marier. Demande en mariage.* V. **Main** (demander la main). *Donner sa fille, son fils en mariage. Projet de mariage.* V. **Fiançailles.** — *Faire un mariage d'argent, d'intérêt. Mariage de raison, de convenance. Mariage d'amour.* ♦ 2º La cérémonie du mariage. V. **Noce.** *Aller, assister à un mariage. Un grand mariage.* — *Cadeaux, corbeille de mariage. Messe de mariage.* V. **Bénédiction** (nuptiale). ♦ 3º État, situation d'une personne mariée, d'un couple marié. *Préférer le mariage au célibat.* « *Le mariage surtout et la province vieillissent un homme* » (STENDHAL). *Les premiers temps du mariage.* V. **Lune** (de miel). *Couple qui fête ses vingt-cinq ans de mariage.* V. **Noce.**
II. *Fig.* ♦ 1º V. **Accord, alliance, association, assortiment, mélange, réunion, union.** *Mariage de deux couleurs, de deux parfums. Heureux mariage de mots.* ♦ 2º *Jeux.* Réunion, dans la même main, du roi et de la reine d'une même couleur. *Par ext.* Jeu de cartes où l'on cherche à faire des « mariages ». V. **Brisque.**
◇ ANT. *Célibat; divorce, séparation.*

Le Petit Robert 1967

MARIAGE [maʀjaʒ] *n. m.* — XIIᵉ; *de marier.*
I. Union légitime de deux personnes dans les conditions prévues par la loi. *Contracter mariage, un mariage.* ⇒ **alliance,** FAM. **conjungo,** VX 1. **hymen,** 1. **union ; couple.** *Mariage civil,* contracté devant l'autorité civile, seul valable juridiquement en France. *Mariage religieux. Liens du mariage.* ⇒ **conjugal, matrimonial.** *Mariage célébré par le maire, le consul. Acte de mariage. Contrat de mariage,* qui règle le régime des biens des époux. *Obligations issues du mariage. Enfants nés d'un premier, d'un second mariage.* ⇒ **lit.** *Mariage putatif*. Dissolution du mariage par divorce ou par décès de l'un des conjoints. Étude statistique des mariages* (⇒ **nuptialité**)*. Mariage morganatique. Mariage blanc. Consommation* du mariage. Un mariage heureux, un bon mariage.* « *Le mariage doit incessamment combattre un monstre qui dévore tout : l'habitude* » (Balz.). — *Mariage de la main gauche*.* — *Formes historiques, culturelles du mariage.* ⇒ **polyandrie, polygamie ; lévirat.** *Mariage entre homosexuels, au Danemark.*
II. **1.** Action, fait de se marier. *Demande en mariage.* ⇒ **main** (demander la main de qqn). *Donner sa fille, son fils en mariage à* (qqn, un prétendant)*. Projet de mariage.* ⇒ **fiançailles.** — *Faire un mariage d'argent, d'intérêt. Mariage de raison, de convenance. Mariage d'amour.* **2.** La cérémonie du mariage. ⇒ **noce.** *Aller, assister à un mariage.* — *Cadeaux, corbeille de mariage. Liste* de mariage. Messe de mariage.* ⇒ **bénédiction** (nuptiale). *Partir en voyage de noces après le mariage.* **3.** État d'une personne mariée, d'un couple marié ; vie conjugale. *Préférer le mariage au célibat.* « *La fidélité des femmes dans le mariage, lorsqu'il n'y a pas d'amour, est probablement une chose contre nature* » (Stendh.). *Les premiers temps du mariage.* ⇒ **noces** (d'or, d'argent). — LOC. FAM. *Le mariage de la carpe et du lapin :* une alliance saugrenue, une union mal assortie.
III. FIG. **1.** Action d'associer, d'assortir des choses ; son résultat. ⇒ **accord, alliance, association, assortiment, mélange, réunion,** 1. **union.** *Mariage de deux couleurs, de deux parfums. Heureux mariage de mots.* — « *Un mariage haut en goût de sandre et d'anguille en meurette* » (Gault Millau, 1988). **2.** JEUX Réunion dans la même main, du roi et de la reine d'une même couleur. PAR EXT. Jeu de cartes où l'on cherche à faire des « mariages ». **3.** (XXᵉ) Fusion de deux groupes politiques ; regroupement, association d'entreprises. *Mariage de deux entreprises pour préparer le grand marché européen.*
◇ CONTR. Célibat ; divorce, séparation.

Le Petit Robert 1997

Lire pour apprendre

Principaux objectifs

- Examiner le rôle et l'importance de la lecture dans l'apprentissage d'une langue étrangère.
- Revoir les temps du passé.
- Comprendre et pouvoir utiliser le passé simple.

I - GROS PLAN SUR LA COMPRÉHENSION

- **Stendhal** (Henri Beyle, dit) (1783-1842) : romancier et essayiste : *De l'amour* (1822), *Le Rouge et le Noir* (1830), *La Chartreuse de Parme* (1839), *Lucien Leuwen* (1855), etc.
- **Honoré de Balzac** (1799-1850) : romancier, auteur d'un ensemble de romans "La Comédie humaine", parmi lesquels : *Eugénie Grandet* (1833), *Le Père Goriot* (1834-35), etc.
- **La Comtesse de Ségur** (1799-1874) : auteur de romans pour enfants : *Les Malheurs de Sophie* (1864), *Le Général Dourakine* (1866), etc.
- **Gérard de Nerval** (1808-1855) : poète et romancier : *Chimères* (1854), *Aurélia* (1855).
- **Gustave Flaubert** (1821-1880) : romancier, auteur de *Madame Bovary* (1857), *L'Éducation sentimentale* (1869), etc.
- **Émile Zola** (1840-1902) : romancier, auteur d'un cycle de romans "Les Rougon-Macquart", parmi lesquels : *L'Assommoir* (1877), *Nana* (1879), *Germinal* (1885), etc.
- **Guy de Maupassant** (1850-1893) : auteur de contes : *La Maison Tellier* (1881), *Le Horla* (1887) et de romans : *Bel Ami* (1885), etc.
- **Arthur Rimbaud** (1854-1891) : poète qui cessa d'écrire à l'âge de vingt ans. Composa *Le bateau ivre* (1871), *Une saison en enfer* (1873), *Illuminations* (ouvrage publié en 1886).
- **Guillaume Apollinaire** (1880-1918) : écrivain et poète, écrivit *Alcools* (1913), *Calligrammes* (1918). Son vers le plus célèbre est : "Sous le pont Mirabeau coule la Seine".
- **Paul Éluard** (1895-1952) : poète, membre du groupe surréaliste, auteur de *Capitale de la douleur* (1926), *Donner à voir* (1940), *Poésie et vérité* (1942).
- **Marcel Pagnol** (1895-1974) : auteur de comédies : *Topaze, Marius*, de recueils de souvenirs et de films : *César, Angèle*, etc.
- **Jacques Prévert** (1900-1977) : poète, auteur de *Paroles* (1948) et scénariste de Marcel Carné (*Drôle de Drame, Les Visiteurs du soir, Les Enfants du paradis*).
- **René Goscinny** (1926-1977) : auteur de la série de bandes dessinées dont le héros est *Astérix le Gaulois* (dessins d'Albert Uderzo, né en 1927).
- **François Cavanna** (1926) : romancier et journaliste d'origine italienne : *Les Ritals* (1978), *Les Russkoffs* (1979), etc.

A .... Lire pour apprendre ....

Séquence 1 - Diverses façons de lire

1. Pourquoi la lecture est-elle importante pour Emmanuel ?
2. Comment Vanessa et Odette préfèrent-elles lire les textes en langue étrangère ? ʃ
3. Comment Maud utilise-t-elle les journaux ?

Séquence 2 - Préférences personnelles et conseils de lecture

1. Pourquoi Odette aime-t-elle Cavanna ?
2. Quels types de romans Patrice préfère-t-il ?
3. Sylvain recommande des livres poétiques mais également des romans d'espionnage. Pourquoi ?
4. Où Anaïck a-t-elle découvert Prévert ? Est-ce qu'elle a lu tous les poèmes ? Quelle est son opinion ?
5. Qu'est-ce qu'Emmanuel a trouvé de particulièrement utile dans son apprentissage de l'anglais ? Pourquoi ?

Séquence 3 - Souvenirs de lecture

Résumez cette séquence.

B .... **I**l était une fois... ....

Décrivez Manon, la petite fille qui écoute l'histoire des *Trois petits cochons*, et en particulier examinez la façon dont elle écoute, ses réactions, ses questions.
Résumez l'histoire des *Trois petits cochons*.

II - G R O S   P L A N   S U R   L E   L E X I Q U E

A .... **A**utour d'un thème ....

1 - La presse

Quotidiens nationaux	Quotidiens régionaux	Hebdomadaires
La Croix	*Le Dauphiné libéré*	*Le Canard Enchaîné*
L'Équipe	*L'Est républicain*	*L'Express*
Le Figaro	*Ouest-France*	*Le Point*
France-Soir	*Le Progrès de Lyon*	*Le Nouvel Observateur*
L'Humanité	*Le Provençal*	*L'Événement du jeudi*
Libération	*Les Dernières Nouvelles d'Alsace*	*Charlie Hebdo*
Le Monde	*Sud-Ouest*	*VSD* (Vendredi-Samedi-Dimanche)

Les rubriques	Les types de publication
le carnet (du jour) *daily planner*	un bi-mensuel *– bi monthly*
le courrier des lecteurs *– notes of lectur*	un hebdomadaire *– weekly*
l'éditorial	un magazine *–*
les faits divers	un mensuel *– monthly*
la météo *– weat*	un quotidien *⇒ daily*
la nécrologie / les avis de décès *– obituary*	un périodique *– periodical*
les petites annonces *– personal ads*	une revue
les programmes de télévision	*– review*
le sport	

Trouvez :
- deux termes familiers / argotiques pour désigner un journal ;
- le nom de la première page d'un journal.

2- Les livres

Les manières de lire	Les romans	Les genres d'écrits
feuilleter	un roman d'amour	une comédie
lire d'une traite	un roman d'anticipation	un essai
lire en diagonale	un roman de cape et d'épée	une nouvelle
parcourir	un roman d'épouvante	une pièce de théâtre
relire	un roman d'espionnage	un poème
survoler	un roman photo	un roman
	un roman policier (un polar, fam.)	un texte philosophique
	un roman psychologique	une tragédie

a) Quelle différence y a-t-il entre un livre relié et un livre de poche ?

b) Comment appelle-t-on un livre en langage familier ?

c) Expliquez en français ce qu'est :
- un roman à l'eau de rose,
- un roman-fleuve,
- un roman à thèse.

B .... **D**'un mot à l'autre ....

1- N'importe...

a) Reformulez ce que dit Emmanuel en modifiant les deux expressions en gras :

*C'est un travail que l'on peut faire **à n'importe quel moment**, **dans n'importe quel lieu**.*

b) À vous maintenant de compléter les phrases suivantes en utilisant des constructions de la même famille :

- C'est fait .... : c'est à refaire.
- Mais bien sûr qu'il peut le faire ! .... peut le faire !
- Ce qu'il fait en ce moment, c'est vraiment .... !

2- Les familles de mots

Trouvez au moins deux noms de la même famille que les verbes suivants :
EXEMPLE : lire → lecture - lecteur/lectrice

écrire / traduire / conseiller / construire / chercher

III - GROS PLAN SUR LA GRAMMAIRE

A .... **L**'imparfait et le passé composé (*suite*) ....

1- Observez l'emploi de l'imparfait dans ce que dit Ramata dans la séquence 3.

> *Mes parents ne me **lisaient** pas trop d'histoires quand j'**étais** petite, mais ma grand-mère le **faisait** (...). C'**étaient** des petites histoires, la Comtesse de Ségur, des choses comme ça (...), ma mère m'**achetait** beaucoup de livres (...).*

Dans quels cas est-il possible de remplacer l'imparfait par un passé composé ?

2 - Analysez de la même façon ce que dit Anaïck dans la séquence 2. Soulignez les verbes au passé et justifiez les temps utilisés.

> *Quand je suis allée en Écosse également, j'ai remarqué que les étudiants aimaient beaucoup Prévert. Ils étudiaient cet auteur avec leur professeur de littérature, et ils adoraient cet auteur parce que (...) c'est un niveau de langue assez simple, c'est très poétique et il y a beaucoup de sentiments à l'intérieur de ces poèmes ; ils m'ont donné envie d'acheter le livre. Je n'ai pas trop eu le temps de le regarder, j'ai lu deux ou trois poèmes et c'est vrai qu'il y a quelque chose qui ressort de ce livre.*

3- L'accord du participe passé

a) Analysez l'accord des participes passés dans ce que dit Sylvain (Séq. 2).

> *Quand on lit ces livres, le plus souvent, c'est après les avoir **lus** que l'on s'aperçoit des progrès qu'on a effectivement **réalisés**. C'est un petit peu comme quand on a **dévoré** trois ou quatre romans d'espionnage en anglais qu'après coup, lors d'une discussion fortuite avec quelqu'un, dans le train par exemple, on s'aperçoit qu'on peut réutiliser des expressions que l'on n'a pas **fixées** sur le moment.*

b) Accord ou pas accord ? À vous de corriger la forme du participe passé **si nécessaire**.
Elle est (**passé**) à la bibliothèque pour prendre des livres. Elle a toujours (**aimé**) lire. Elle se
souvient encore de la joie qu'elle a (**eu**) lorsqu'on lui a (**offert**) les contes de Perrault.
C'étaient des histoires que sa mère lui avait (**raconté**) et qu'elle avait beaucoup (**aimé**).

4 - Imparfait ou passé composé ?

Complétez les phrases suivantes. Dans quels cas les deux temps sont-ils possibles ?
- Excusez-moi, je (1) (ne pas savoir) .....savais..... que vous m'attendiez.
- J'avoue que je (2) (ne pas savoir) ...savais.......... que lui dire quand je l'ai vu hier.
- Elle (3) (avoir) .... dix-huit ans quand elle a passé le bac.
- Elle (4) (avoir) .....a eu........ dix-huit ans samedi dernier, et on a fêté ça.
- Cet été, nous (5) (lire) .....avons lu...... beaucoup de bandes dessinées. Nous (6) (bien s'amuser)
...nous sommes bien amusés
- Au lycée, nous (7) (lire surtout) .....lisions...... les livres que les profs nous (8) (inci-
ter)...incitait..... à lire.
- Le téléphone (9) (sonner) ...sonnait... quand je (10) (arriver) ...suis arrivé.. mais je (11)
(ne pas avoir le temps) ..n'ai pas eu.. de répondre. Je ne sais pas qui (12) (appeler)
...appelait...
- Le téléphone (13) (sonner) ...sonnait... sans arrêt cet après-midi, et je (14) (ne pas pouvoir) ...ne pouvais.... faire ce que je (15) (devoir) ...devais........ faire.
- Ils (16) (venir) .... de partir lorsque vous (17) (entrer) ....
- Ils (18) (venir) ...venaient... souvent lorsqu'ils (19) (être) ...étaient..... petits, et il y a un
mois, ils (20) (revenir) ...sont revenus...!

5 - Repères biographiques

Voici quelques faits marquants de la vie d'Albert Camus. À vous de les reprendre pour dres-
ser un bref portrait de l'écrivain : "Camus est né....."
   - 7 novembre 1913 : naissance d'Albert Camus en Algérie ; père ouvrier agricole, mère
   d'origine espagnole.
   - Mort du père à la guerre de 14-18.
   - Enfance dans un quartier pauvre d'Alger.
   - Après le baccalauréat, petits emplois pour financer ses études de philosophie.
   - 1937 : maladie (tuberculose) qui l'empêche de passer l'agrégation de philosophie.
   - 1938 : rédacteur au journal *Alger Républicain*. Commence à écrire *L'Étranger* en
   1939.
   - Départ pour Paris en 1940. Journalisme (*Paris-Soir*).
   - Publication du *Mythe de Sisyphe* et de *L'Étranger* en 1942, de *Caligula* et du
   Malentendu en 1944. Préparation de *La Peste* dès 1941.
   - Rôle important dans la Résistance sous l'occupation allemande.
   - Publication de *La Peste* en 1947, de *L'Homme révolté* en 1951.

- Années 50 : prise de position contre les idéologies totalitaires.
- 1957 : Prix Nobel "pour l'ensemble d'une œuvre mettant en lumière les problèmes qui se posent de nos jours à la conscience des hommes".
- 4 janvier 1960 : mort de Camus dans un accident de voiture.
- 1993 : sortie posthume du *Premier Homme*.

B .... Le passé simple ....

1 - Les formes du passé simple

a) Repérez dans la transcription du conte *Les Trois petits cochons* tous les verbes au passé simple. Quelles sont les terminaisons des verbes réguliers en -ER et -IR ?

b) Les verbes irréguliers posent évidemment des problèmes.
Retrouvez dans le texte les formes du passé simple (3ᵉ personne singulier ou pluriel) des verbes suivants :

> s'apercevoir / être / construire / mettre / dire / prendre

Dans quels cas le passé simple est-il phonétiquement semblable au participe passé ?
Vérifiez que vous connaissez le passé simple des principaux verbes irréguliers.

2 - Reprenez l'exercice **A. 5** ci-dessus (Repères biographiques). Cette fois-ci, utilisez le passé simple comme temps principal.

Si possible, écrivez deux versions :
- dans la première, vous reprenez exactement les termes de votre première rédaction et vous ne changez que le passé composé : "Camus naquit ...".
- dans la deuxième version, vous essayez de trouver d'autres façons, plus littéraires si possible, d'exprimer la même chose. Vous gardez bien entendu le passé simple : "Camus vit le jour....".

3 - Voici des extraits de trois traductions d'un même passage de *Crime et Châtiment* de Dostoïevski (*Télérama*, n° 2306, 23 mars 1994, p. 19). Commentez les temps employés dans chacune des traductions. Que peut-on en déduire ?

Traduction d'Albert Mousset, 1953, La Pléiade.

" Je vendis les titres, empochai l'argent, mais, au lieu d'aller chez Andreïev, je filai tout droit au Magasin Anglais où je choisis une paire de boucles d'oreilles avec deux brillants, chacun à peu près de la grosseur d'une noisette. Il me manquait quatre cents roubles, mais je dis qui j'étais et l'on me fit crédit."

Traduction de Pierre Pascal, 1977, Flammarion.

" Eh bien, les bons, je les ai vendus, j'ai touché l'argent, mais je n'ai pas été chez les Andreev : j'ai été tout droit au Magasin Anglais, et pour toute la somme, j'ai choisi une paire de pendants d'oreilles, chacun avec un diamant gros presque comme une noix. Je redevais quatre cents roubles, mais j'ai dit mon nom et on m'a fait confiance."

Traduction d'André Markowicz, 1993, Actes Sud / Babel.

"Les billets, je les vends, je prends l'argent, mais j'oublie le comptoir d'Andreev, j'ai filé, j'avais plus que ça en tête, chez les Anglais, et là, je claque le tout pour une paire de pendants d'oreilles, un petit diamant dans chaque, comme une paire de noisettes, comme ça, un peu, il manquait quatre cents roubles, je dis le nom, ils me croient."

IV - GROS PLAN SUR LES MANIÈRES DE DIRE

1 - Exprimer un goût, une préférence

Relevez les diverses façons dont les étudiant(e)s expriment ce qu'ils aiment, ou ce qu'ils préfèrent, et le cas échéant, ce qu'ils n'aiment pas.
EXEMPLE : Odette : *je n'aime pas être arrêtée dans ma lecture.*

2 - Les marques de l'oralité

Relevez et comparez les marques de l'oralité chez Odette, Nedjma et Emmanuel (Séq. 2).
EXEMPLE : Emmanuel (Séq. 1) : *L'importance de la lecture est **pour moi je dirais** primordiale.*

3 - La langue des contes d'enfants

Repérez dans les phrases suivantes quelques aspects du fonctionnement de la langue des *Trois petits cochons* : répétitions, rythme, allitérations (répétition des consonnes initiales), assonances (répétition du même son).

*Je vais construire une maison plus solide que la tienne
ainsi, le loup ne m'attrapera pas et ne me mangera pas.
Petit cochon, petit cochon, laisse-moi entrer.
Non, non et non, par ma queue en tire-bouchon, tu n'entreras pas !
Alors je ferai ouf et pouf et ta maison s'envolera.
Le loup souffla et souffla encore et encore.*

V - GROS PLAN SUR LA COMMUNICATION

A — Communication orale

1 - Tour de table

Il s'agit de raconter une histoire, chaque étudiant(e) apportant une phrase à tour de rôle.

2 - Travail à deux

a) Quel genre de littérature aimez-vous en général ? Pourquoi ?

b) Est-ce qu'on vous lisait des histoires quand vous étiez petit(e) ? Quel souvenir en gardez-vous ? Quel est votre conte (histoire / conte de fée) favori ? Pourquoi ?

c) Comment vous y prenez-vous en général quand vous lisez quelque chose en français ? Lisez-vous des magazines ou des journaux en français ? Quels auteurs francophones avez-vous lus ?

3- Débats

a) Peut-on vraiment prétendre connaître une langue étrangère si l'on n'en a pas étudié la littérature ? Quelle place faut-il accorder à l'étude de la littérature dans une licence de français à l'étranger ?

b) Les livres enregistrés sur cassette vont-ils supplanter la lecture ?

c) Les libraires sont-ils menacés de disparition par Internet* ?

4- Jeu de rôle

Vous étiez en train de lire dans une cafétéria hier après-midi lorsqu'un accident s'est produit. Vous racontez ce qui s'est passé à un(e) camarade étudiant(e) qui, très intéressé(e), ne cesse de vous poser des questions. Quand vous avez fini de raconter l'événement, vous demandez à votre camarade de vous parler à son tour de sa journée de la veille.

5- Simulation

Le comité de la bibliothèque se réunit pour parler d'une donation. En effet, une somme d'argent importante a été donnée par une romancière féministe à la bibliothèque de votre institution. Au comité de décider comment l'argent sera utilisé. Une seule condition : les ouvrages sexistes doivent être retirés des étagères.

6- Sondage

Préparez un questionnaire qui permettra de planifier les acquisitions de la bibliothèque en fonction des goûts et des pôles d'intérêt des utilisateurs.

B .... **C**ommunication écrite ....

1- Lettre

a) Vous venez de voir un film adapté d'un roman que vous aimez particulièrement. Vous écrivez à un(e) ami(e) pour lui faire part de vos sentiments vis-à-vis du film, et notamment donner votre opinion sur l'adaptation du roman.

---

* On entend également, et surtout on lit, " l'Internet" mais plus rarement.

b) Vous écrivez une lettre à un(e) correspondant(e) francophone dans laquelle vous lui décrivez une bande dessinée française qui vous a particulièrement intéressé(e).

2 - Rédaction

a) "On lit beaucoup en voyage. Une littérature spéciale – dite littérature de gare – lui est même consacrée." Commentez ce propos de Georges Perec. Comment comprenez-vous l'expression "littérature de gare", et en êtes-vous vous-même amateur ?

b) Lisez les premières lignes de ce roman de Marguerite Duras et continuez l'histoire à votre façon :

> "Sara se leva tard. Il était un peu plus plus de dix heures. La chaleur était là égale à elle-même. Il fallait toujours quelques secondes chaque matin pour se souvenir qu'on était là pour passer des vacances. Jacques dormait toujours...."

Les petits chevaux de Tarquinia

3 - Article

Pendant les vacances, vous participez à la promotion du club de lecture de votre bibliothèque ; on vous a demandé de faire le compte rendu d'un livre qui vous a particulièrement plu pour le bulletin du club. Racontez-en l'intrigue au passé sans toutefois en révéler le dénouement et expliquez pourquoi vous avez choisi ce livre. Trouvez le plus de raisons possibles pour motiver d'autres lecteurs.

4 - Résumé

Résumez en quelques lignes l'histoire des *Trois petits cochons*. N'oubliez pas de terminer par la morale de l'histoire en une ligne.

5 - Journal de bord

VI-GROS PLAN SUR LA LECTURE

Plaisir de lire

1 J'achète mon flacon de produit moussant pour le bain. Je me promène entre les rayons. Je ne m'offrirai pas de pull. Je réserve ce genre d'entorse aux jours de paye ou de grande déprime. Par contre, j'ai besoin d'un roman en livre de poche pour occuper ma soirée. J'hésite toujours à choisir un livre. J'ai peur de faire de la peine aux autres. J'ai peur

5 d'être déçue. Je reste fidèle à certains auteurs, des femmes surtout quand il s'agit de romans. Je prends celui de Christiane Rochefort que je n'ai pas encore lu. Dommage qu'il soit court. J'aime les gros livres qu'on retrouve jour après jour. Les personnages avec lesquels on vit longtemps, auxquels on pense avant d'avoir terminé la lecture et qu'on retrouve comme des amis à chaque chapitre. J'aime m'installer dans un climat,

10 un langage qui me dépayse. Souvent, j'ai envie de répondre à l'auteur, de lui écrire, mais je ne l'ai jamais fait de peur d'être jugée et de casser l'émotion première de ma lecture. J'ai tellement lu, en particulier pendant les dimanches pluvieux de mon adolescence, que la frontière entre ma vie et celle des autres m'a toujours semblé floue. Mon avenir, je le voyais comme un roman et j'écrivais mon journal avec l'emphase propre aux

15 mémoires de guerre.

Me voilà équipée. En sortant du Prisunic, je m'aperçois que la nuit est tombée. Déjà. Décidément, l'hiver n'en finit plus. Je retourne à l'hôtel du Port. Il est 6 h 30 à la grosse pendule, la patronne qui m'a à l'œil me lance : "Le dîner est servi à 19 h 30." Bien, chef, on y sera.

20 De retour dans ma chambre, je sors mon bouquin neuf et m'allonge sur le lit sans retirer mes bottes, exprès pour narguer les démons domestiques.

Avant de me mettre à lire, je respire l'odeur du papier, de l'encre, de la couverture glacée. Ce parfum d'imprimerie crée une atmosphère complice entre mon regard et la chose qui va se mettre à vivre. Je reconnais les éditions à leurs arômes délicats et puis-

25 sants. Lire est aussi un plaisir physique. Je sens un livre. J'écoute le bruit de ses pages. Je les palpe. J'aime regarder sans chercher à comprendre les lettres, les mots accolés, rythmés par leur longueur et leur espacement. Je contemple les paragraphes comme de petits tableaux, chacun a sa propre harmonie. Le livre prend son souffle dans l'arrangement de ses silences et je respire à son tempo. C'est un compagnon docile, s'il s'ouvre,

30 quand je veux, à la page marquée et me fait taire. Nous cohabitons des heures, des jours, des semaines parfois et mes humeurs jouent sur les lignes.

Les derniers mots d'un livre sont à la fois une déchirure et un soulagement. Mon travail est achevé. Mais j'ai lu trop vite, je regrette que ce lien soit rompu. Et cet écrivain qui n'a plus rien à dire me déçoit. Impossible de relire, l'heureuse surprise ne se repro-

35 duira pas. J'ai été, une fois de plus, trompée, ma vie n'a pas changé. Tout de suite, je cherche un autre livre où accrocher mes mirages. Je suis l'héroïne d'une foule d'histoires inconnues.

J'ai lu une soixantaine de pages. J'ai tellement l'habitude d'être interrompue quand
je lis, soit par les autres, soit par des "mieux à faire", soit tout bonnement par la
40 fatigue, que je m'arrête de moi-même. À quatorze ans je pouvais dévorer un volume
double d'une seule traite. J'ai perdu cette faculté. De toute façon, je crois qu'il est
l'heure d'aller manger.

Dorothée Letessier, *Le voyage à Paimpol*, © Éditions du Seuil, 1980, pp. 47-49.

Apprendre à lire

1 Lorsqu'elle allait au marché, [ma mère] me laissait au passage dans la classe de mon
père, qui apprenait à lire à des gamins de six ou sept ans. Je restais assis, bien sage, au
premier rang, et j'admirais la toute-puissance paternelle. Il tenait à la main une baguet-
te de bambou : elle lui servait à montrer les lettres et les mots qu'il écrivait au tableau
5 noir, et quelquefois à frapper sur les doigts d'un cancre inattentif.

Un beau matin, ma mère me déposa à ma place, et sortit sans mot dire, pendant qu'il
écrivait magnifiquement sur le tableau : "La maman a puni son petit garçon qui n'était
pas sage." Tandis qu'il arrondissait un admirable point final, je criai : "Non ! Ce n'est
pas vrai !" Mon père se retourna soudain, me regarda stupéfait, et s'écria: "Qu'est-ce que
10 tu dis ? – Maman ne m'a pas puni ! Tu n'as pas bien écrit !" Il s'avança vers moi : "Qui
t'a dit qu'on t'avait puni ? – C'est écrit." La surprise lui coupa la parole un moment.
"Voyons, voyons, dit-il enfin, est-ce que tu sais lire ? – Oui.
– Voyons, voyons...", répétait-il. Il dirigea la pointe du bambou vers le tableau noir. "Eh
bien, lis."

15 Je lus la phrase à haute voix. Alors, il alla prendre un abécédaire, et je lus sans difficulté plusieurs pages (...). Je crois qu'il eut ce jour-là la plus grande joie, la plus grande fierté de sa vie.

Lorsque ma mère survint, elle me trouva au milieu des quatre instituteurs, qui avaient
renvoyé leurs élèves dans la cour de récréation, et qui m'entendaient déchiffrer lentement
20 l'histoire du Petit Poucet (...). Mais au lieu d'admirer cet exploit, elle pâlit, déposa ses
paquets par terre, referma le livre, et m'emporta dans ses bras en disant : "Mon Dieu !
mon Dieu !..." Sur la porte de la classe, il y avait la concierge, qui était une vieille femme
corse : elle faisait des signes de croix. J'ai su plus tard que c'était elle qui était allée chercher ma mère, en l'assurant que "ces messieurs" allaient me faire "éclater le cerveau".

25 À table, mon père affirma qu'il s'agissait de superstitions ridicules, que je n'avais fourni aucun effort, que j'avais appris à lire comme un perroquet apprend à parler, et qu'il
ne s'en était même pas aperçu. Ma mère ne fut pas convaincue, et de temps à autre elle
posait sa main fraîche sur mon front et me demandait : "Tu n'as pas mal à la tête ?"
Non, je n'avais pas mal à la tête, mais jusqu'à l'âge de six ans, il ne me fut plus permis
30 d'entrer dans une classe, ni d'ouvrir un livre, par crainte d'une explosion cérébrale. Elle
ne fut rassurée que deux ans plus tard, à la fin de mon premier trimestre scolaire, quand
mon institutrice lui déclara que j'étais doué d'une mémoire surprenante, mais que ma
maturité d'esprit était celle d'un enfant au berceau.

Marcel Pagnol, *La Gloire de mon père*, © Bernard de Fallois,
Livre de Poche, pp. 38-41.

Les nouvelles technologies

Principaux objectifs

- Réfléchir sur l'apport des nouvelles technologies dans l'apprentissage des langues.
- Travailler sur la notion de futur.
- Repérer les prépositions permettant de (se) situer dans le temps et dans l'espace.

I - GROS PLAN SUR LA COMPRÉHENSION

- **EuroDisney** : parc d'attractions ouvert en 1992. Sur les cartes, son nom est "Disneyland Paris" (v. carte, p. 17).
- **Charles de Gaulle** (1890-1970) : chef de la Résistance française pendant la Seconde Guerre mondiale (Londres, Alger, Paris), président de la République de 1959 à 1969. Son discours sur le Québec Libre date de juillet 1967.
- **Marne-la-Vallée** : ville nouvelle. Quatre autres ont été construites en Île-de-France à partir de la fin des années 60 : Cergy-Pontoise, Saint-Quentin-en-Yvelines, Évry, Sénart (v. carte, p. 17).
- **Orly, Roissy-Charles de Gaulle** : aéroports de passagers et de fret (v. carte, p. 17).
- **Reims** : ville de 200 000 habitants environ en Champagne (v. carte, p. 18).
- **René Descartes** : philosophe français (1596-1650). A écrit : *Discours de la méthode* (1637), *Les méditations* (1641), *Principes de la philosophie* (1644), *Les passions de l'âme* (1649). Citation la plus connue : "*Cogito ergo sum*" (Je pense donc je suis).
- **INA** : Institut National de l'Audiovisuel. On y archive toutes les émissions de radio et de télévision diffusées en France.

Séquence 1 - L'université de Marne-la-Vallée

1. En prenant des notes, résumez les grandes lignes de l'entretien de Daniel Laurent.
- Création de l'université et situation actuelle.
- Emplacement de l'université.
- Nombre d'étudiants.
- Rôle des nouvelles technologies.
2. Points de détail
- Comment s'appellent les aéroports de Paris ?
- Quel parc d'attraction de la banlieue parisienne est mentionné ?
- De qui le nouveau campus tire-t-il son nom ? Qui était-ce ?

Séquence 2 - Le centre de visioconférence

1. Que permet le système de visioconférence de Marne-la-Vallée ?
2. Quels en sont les bénéfices pour les étudiants ?
3. Notez le nom des pays dont il est question dans cette séquence.

Séquence 3 - Un exemple de CD-Rom

1. Quel est le contenu du CD-Rom du *Monde* et par qui a-t-il été édité ?
2. De quels index dispose-t-on pour trouver l'information ?
3. Que faut-il faire pour entendre un discours radiophonique du Général de Gaulle datant des années 60 ?
4. Résumez les opérations nécessaires pour obtenir toutes les informations sur le Général de Gaulle.

II - GROS PLAN SUR LE LEXIQUE

A .... **A**utour d'un thème ....

Les nouvelles technologies	Le traitement de texte	Internet et la toile
une cassette audio	cliquer	le courrier électronique
une cassette vidéo	coller	un courriel / un mel
un lecteur de CD-Rom	copier	une adresse électronique
un magnétoscope	couper	un logiciel de navigation
des diapositives	effacer	un serveur / site Web
un rétroprojecteur	enregistrer	un internaute
un micro-ordinateur	imprimer	naviguer-surfer sur le Net /
un portable	quitter	le Web / la toile
l'écran	rechercher	un service en ligne
la vidéo	remplacer	
une vidéoscopie	sélectionner	
une visioconférence		

B .... **D'**un mot à l'autre ....

1 - De l'adjectif à l'adverbe

Observez les adverbes suivants :

> *Nous serons implantés ici, là où vous êtes* **actuellement***, mais* **également** *à quelques centaines de mètres de ce lieu.*

a) Comment l'adverbe est-il formé dans les exemples ci-dessus ?

b) Donnez d'autres exemples d'adverbes formés de la même façon dans cette unité.
EXEMPLE : *merveilleusement.*

c) Que se passe-t-il dans le cas d'un adjectif terminé en **-e** (EXEMPLE : *juridique)* ?

d) À vous de former des adverbes à partir des adjectifs suivants :

positif / régulier / long / fou / heureux / complet / lent / ancien

e) ***Attention*** ! Dans le cas des adjectifs qui se terminent en **-ent** (EXEMPLE : différent) ou en **-ant** (EXEMPLE : courant), l'adverbe est formé de la façon suivante : **-ent → emment** (différemment), **-ant → amment** (couramment). Donnez d'autres exemples d'adverbes formés de la même manière.

2- Les synonymes

Retrouvez (après un nouveau visionnement si nécessaire) les verbes correspondant aux définitions suivantes :
EXEMPLE : rendre plus facile → faciliter

multiplier par deux (Séq. 1) / prendre la place de (Séq. 1) / transmettre (un message) (Séq. 1) / donner un cours (Séq. 1) / suivre une conférence (Séq. 2)

III - GROS PLAN SUR LA GRAMMAIRE

A .... **L**a notion de futur ....

1 - **a)** Faites l'inventaire de toutes les façons de se référer à un moment futur dans les deux premières séquences.
EXEMPLE : *Nous comptons accueillir environ huit mille étudiants.*

b) En connaissez-vous d'autres ? Lesquelles ? Donnez des exemples.

2 - Observez tous les verbes au futur dans les trois séquences et notez les terminaisons de chaque verbe, ainsi que leur radical.

• Séquence 1 :

nous serons implantés ici / elle sera terminée / nous aurons huit mille étudiants / des étudiants qui se répartiront / les technologies supplanteront

• Séquence 2 :

des conférences qui seront / les étudiants assisteront / ils pourront réécouter la cassette / nous ferons / nous aurons / nous pourrons

• Séquence 3 :

tu cliqueras / tu auras / ton index diminuera / tu obtiendras / tu le feras / on cliquera / on obtiendra / il suffira / tu pourras / je serai

À vous maintenant de vérifier vos connaissances en ce qui concerne le futur : comment est-il formé et quelles sont les terminaisons ?

3 - Vérifiez que vous savez conjuguer au futur les verbes irréguliers les plus courants ;
EXEMPLE : je suis → je serai

tu vas / il veut / je dois / nous venons / vous voyez / elles savent /

il faut / il pleut / je peux / on reçoit / ils font / vous accueillez

4 - *Bon, je te montre et tu le feras tout à l'heure.* Le futur simple a ici une valeur proche de celle de l'impératif. Reformulez les phrases suivantes selon le modèle donné.
EXEMPLE : Finissez l'exercice pour la semaine prochaine.
→ Vous finirez l'exercice pour la semaine prochaine.
- N'oublie pas de mettre les accents.
- Ne sois pas en retard demain matin.
- Allez chercher la documentation au secrétariat.
- Asseyez-vous bien en face de l'écran.
- Tenez la souris dans la main droite.

5 - Commentez l'emploi du futur dans les phrases suivantes :

Daniel Laurent : **Quand** elle **sera terminée**, nous **aurons** environ huit mille étudiants qui se **répartiront** harmonieusement dans diverses formations (...).
Monitrice : **Quand** tu **cliqueras** sur les années 50 (...) ton index **diminuera** et tu **obtiendras** les personnalités qui correspondent à l'époque que tu désires.

6 - Au lieu de : *Quand* **elle sera terminée**...., Daniel Laurent pouvait dire : Quand **nous aurons terminé**, *nous aurons environ huit mille étudiants qui se répartiront...* → Terminer les travaux de la cité Descartes précède l'expansion du nombre d'étudiants à l'Université de Marne-la-Vallée.

De même, on peut dire : Je **sortirai** dès que j'**aurai fini** de lire ce livre → finir de lire le livre vient avant la possibilité de sortir.

Considérez également la phrase suivante : Si elle ne répond pas au téléphone, c'est qu'elle **sera sortie** ; il s'agit ici d'exprimer une hypothèse, une probabilité → elle ne répond pas au téléphone, elle est probablement sortie.

> Le futur antérieur permet de parler d'une action ou d'une situation qui en précédera une autre. Il permet aussi d'émettre une hypothèse, une probabilité.
> Il se conjugue comme le passé composé, c'est-à-dire soit avec l'auxiliaire **avoir**, soit avec l'auxiliaire **être**, mais cet auxiliaire est au futur.
> EXEMPLE : Quand j'**aurai** terminé / dès que je **serai** allé(e).

7 - À vous maintenant d'indiquer l'antériorité ou la probabilité en mettant les verbes entre parenthèses au futur antérieur, et en opérant les modifications nécessaires (pronoms, place de l'adverbe). Attention à l'accord du participe passé le cas échéant.

1. Nous passerons au conditionnel quand vous (comprendre) ...aurez compris... le futur.
2. Vous comprendrez mieux les vidéos lorsque vous (faire) ...aurez fait... les exercices.

3. Il est allé au cinéma ? J'espère qu' il (finir) .... son travail avant de sortir !

4. Nous vous répondrons aussitôt que nous les (voir) ....

5. Dites-leur de venir nous voir dès qu'ils (s'installer) ....

6. J'ai envoyé la lettre il y a trois jours. Je pense qu'il la (recevoir) .... maintenant.

7. Ne vous inquiétez pas ! À mon avis, ils (se tromper) .... de jour !

8. La lumière est allumée. Je parie qu'il (oublier encore) .... d'éteindre.

9. Ils ne leur ont pas téléphoné. Ils (perdre peut-être) .... le numéro.

10. Demain à cette heure-ci, nous (arriver) ....

B .... Les prépositions

Rétablissez toutes les prépositions ou prépositions + articles omises dans cette transcription.

> *Alors nous sommes implantés, comme vous avez pu vous en rendre compte, ...*
> *Est parisien .... zone .... pleine expansion démographique. Nous ne sommes pas situés très .... EuroDisney , ... Mickey en quelque sorte, et .... aéroports .... Roissy et .... Orly et nous accueillons des étudiants qui sont .... leur très grande majorité domiciliés .... Est parisien, donc il y a un phénomène .... proximité qui joue et les étudiants qui habitent ....*
> *Est parisien préfèrent venir .... Marne-la-Vallée que de se déplacer ....*
> *............... universités .... centre .... Paris.*
> *Alors nous comptons .... prochaines années accueillir huit mille étudiants, c'est-à-dire nous allons doubler notre capacité d'accueil pour passer .... quatre mille .... huit mille étudiants.*
> *Nous serons implantés ici, là où vous êtes actuellement, mais également ....*
> *quelques centaines .... mètres .... ce lieu, ... endroit qui est merveilleusement situé, qui est un endroit dénommé la cité Descartes .... nom .... grand philosophe français .... 17e siècle et quand elle sera terminée, nous espérons que les étudiants se répartiront harmonieusement .... différentes formations et .... lieu qui est fort agréable.*

V - GROS PLAN SUR LES MANIÈRES DE DIRE

❶ - Se reprendre / se corriger

Observez la façon dont Daniel Laurent se reprend / se corrige.

❷ - Donner des instructions orales

Examinez les façons dont la monitrice donne des instructions à l'étudiante à qui elle explique le fonctionnement du CD-Rom du *Monde*.

3- Donner des consignes écrites

Faites une présentation écrite du mode d'emploi du CD-Rom du *Monde* en reprenant ce que dit la monitrice.

> Monitrice : *Tu peux accéder à différentes biographies de personnalités politiques mondiales. Soit tu y accèdes par un index des personnalités, ou alors tu utilises l'index géographique. Donc, quand tu cliqueras sur un continent, tu auras ton index qui va diminuer et qui va se limiter aux personnalités de ce continent.*
> Étudiante : *Bon d'accord.*
> Monitrice : *Tu peux aussi cliquer sur une période chronologique. Et donc, quand tu cliqueras sur les années 50, 60, 70, 80, 90, puisque le CD-Rom va de Yalta à nos jours, ton index diminuera également, et tu obtiendras les personnalités qui correspondent à l'époque que tu désires.*

EXEMPLE : *On peut accéder à différentes biographies...*

V - GROS PLAN SUR LA COMMUNICATION

A .... Communication orale ....

1- Tour de table

Présentez l'institution où vous étudiez.

Chaque étudiant(e), à tour de rôle et le plus rapidement possible, doit apporter un élément d'information sur l'établissement où il(elle) étudie. Si des points sont attribués, on peut donner un point supplémentaire à ceux qui introduiront également la notion de futur.

2- Travail à deux

a) Avez-vous déjà utilisé Internet, et/ou un CD-Rom ? Confrontez vos expériences.

b) Les étudiants de votre institution ont-ils accès au courrier électronique ? À deux, faites une liste des utilisations possibles de cet outil.

c) Établissez une liste des nouvelles technologies utilisées dans votre établissement. Lesquelles sont les plus utiles ? Y en a-t-il d'autres que vous souhaiteriez avoir à votre disposition ? Indiquez lesquelles en donnant vos raisons.

3- Débats

a) L'université du XXIᵉ siècle : comment sera-t-elle ?

b) *Les nouvelles technologies ne supplanteront pas les enseignants : elles facilitent leur métier.* Êtes-vous d'accord avec ce que dit Daniel Laurent ? Dans quelle mesure les nouvelles technologies facilitent-elles l'apprentissage des langues ?

c) Êtes-vous pour ou contre les vidéoscopies (qui permettent aux apprenants d'être enregistrés sur vidéo et d'analyser ensuite leur prestation) ?

d) Êtes-vous pour ou contre l'enseignement des langues assisté par ordinateur ?

▲- Jeu

Distribuez des cartes portant l'image ou le nom d'une invention plus ou moins récente (par exemple : train / voiture / avion / machine à laver / téléphone / réfrigérateur / magnétoscope / baladeur / lecteur de CD / télévision, etc.). Chaque étudiant(e) (ou tandem d'étudiant(e)s), après un bref temps de préparation/consultation, doit défendre "son" invention, expliquer pourquoi elle est indispensable et répondre aux questions ou critiques soulevées par les autres qui, ensuite, deviennent "juges" et attribuent une note sur 10 à chaque invention.

▣- Jeu de rôle - Simulation

Vous souhaitez avoir un échange avec des étudiants d'un établissement ou d'une université francophone de votre choix. En petit comité, vous décidez avec qui vous souhaitez organiser cet échange et vous établissez ce qui vous intéresse tout particulièrement, ce que vous attendez de l'échange (correspondants, courrier électronique, échanges de cassettes audio et vidéo, voyages et séjours linguistiques, etc.).

B .... Communication écrite ....

▮- Lettre

Vous écrivez à des étudiants de Marne-la-Vallée ou d'une université de votre choix pour proposer un échange-jumelage. Vous présentez votre établissement (université) en mettant l'accent sur les innovations, les nouvelles technologies, etc.

▨- Rédaction

a) À votre avis, comment sera l'université de demain ?
b) Vous décrivez une ou deux nouvelles technologies de votre choix : vidéo, CD-Rom, Internet, etc. à des étudiants d'une institution peu équipée en nouvelles technologies. Soulignez-en les avantages.

▧- Article

Écrivez un article pour le bulletin de français de votre établissement sur le rôle des nouvelles technologies (vidéo, ordinateurs, etc.) dans l'enseignement des langues. Examinez les implications de l'utilisation de ces méthodes ; n'oubliez pas de donner votre opinion personnelle tout en essayant de rester objectif.

▪- Résumé

Présentez un bref descriptif de l'université de Marne-la-Vallée en résumant ce que disent Daniel Laurent et Catherine Fabreguette.

▫- Journal de bord

VI - GROS PLAN SUR LA LECTURE

Le télétravail de l'avenir

1 Je pianotais sans conviction sur le clavier, manipulais vaguement quelques objets virtuels avec le glove[1], naviguant dans le Net à la recherche d'informations pour les deux-trois affaires en cours. Je râlais contre la clim[2], qui ne fonctionnait que par intermittence, alors qu'un dépanneur s'était déplacé déjà deux fois en dix jours. Je m'attendais

5 à ce que le système de filtrage antibactérien tombe en rade[3] à son tour, ou les alertes antiradiations, ou une autre catastrophe dans ce goût-là (...).

J'ai pas encore eu le temps de vous parler du boulot que je faisais à l'époque, mais, comme la plupart des heureux élus qui pouvaient se vanter d'avoir un job, mes heures de télétravail étaient étroitement surveillées par la "neuromatrice", qui, il faut le recon-

10 naître, se tapait[4] le plus gros du taf[5]. Les neuromatrices sont l'aboutissement de toutes les recherches menées depuis la fin du XXe siècle sur les "agents intelligents", ces logiciels qui permirent peu à peu à l'humanité de naviguer dans des masses sans cesse croissantes d'informations.

Les intelligences artificielles sont des êtres "proto-conscients", selon la terminologie

15 scientifique en vigueur, au quotidien, ça veut dire qu'elles sont encore assez loin de l'humanité. Elles sont généralement loyales, et réfractaires aux tentations sur lesquelles nous avons bâti notre histoire. L'argent les laisse indifférentes, le pouvoir ne les intéresse pas, et leur sexualité reste une vague hypothèse, dans un avenir très incertain. Tenter de corrompre une intelligence artificielle revient à discuter mathématiques fractales avec un

20 poirier, ou un présentateur de télé (...).

Comme tous les autres, mon boulot consistait à surveiller les systèmes d'information de personnes privées ou d'entreprises sensibles. Des compagnies high-tech, ou des financiers internationaux, qui devaient se protéger du féroce appétit des pirates technos. On surveillait les communications internes et externes de l'entreprise, ou du raider. On pis-

25 tait les traces de virus éventuels, on traquait les systèmes d'espionnage ennemis et on naviguait sur le Net à la recherche de renseignements sur les compagnies ou investisseurs rivaux.

Entre autres, on devait s'assurer en permanence du bon fonctionnement des systèmes de sécurité, et on était habilité à mener de fausses opérations d'intrusion, pour les tester.

30 Sûr que ça on savait faire.

C'était notre truc, c'est pour ça qu'on avait été engagé.

Maurice Dantec, *Là où tombent les anges*, nouvelle inédite,
© *Le Monde*-Éditions Gallimard, 1995, pp. 4-6.

1. le glove : le gant / 2. la clim : climatisation / 3. en rade : en panne / 4. se tapait : faisait / 5. taf : travail

QUELQUES ADRESSES FRANCOPHONES POUR NAVIGUER SUR INTERNET

• **Ministères** :
- de la Culture : http://www.culture.fr
- des Affaires étrangères : http://www.diplomatie.fr
- de l'Éducation nationale : http://www.education.gouv.fr

• **Délégation générale de la langue française :**
http://www.culture.fr/culture/dglf/garde.htm

• **Sites francophones à l'étranger** :
- Le quartier français du village planétaire :
  http://www.richmond.edu/~jpaulsen/gvfrench.htm
- Site culturel et littéraire francophone : http://clicnet.swarthmore.edu
- Ambassade de France à Washington : http://www.info-france-usa.org
- Ambassade de France à Ottawa (Canada) : http://www.ambafrance.org
  http://cnx.net/~duciaume/index.htm
- Services culturels français en Grande-Bretagne :
  http://www.campus.bt.com/CampusWorld/pub/France ALC
  http://www.france@lacarte.org.uk

• **Répertoires de sites francophones, moteurs de recherche :**
http://www.urec.fr/France/web.html
http://www.nomade.fr
http://www.cru.fr/LISTES/
http://www.cam.org/~favrelp/multi.html
http://www.ncl.ac.uk/~nsml/links/french.htm
http://www.yahoo.fr

• **Médias francophones, instituts de sondage, magazines électroniques :**
http://www.rmcnet.fr/indexe.htm (quotidiens et radios)
http://www.tf1.fr
http://www.france2.fr/sommaire-info.htm
http://www.france2.fr/sommaire-prog.htm
http://www.france3.fr/
http://www.arte-tv.com
http://www.radio-france.fr/
http://www-rfi.fr/fr. (Radio France Internationale : comptes rendus de presse)
http://www.lemonde.fr/
http://www.ina.fr/CP/MondeDiplo/mondediplo.fr.html
http://www.le-petit-bouquet.com/
http://www.liberation.fr/quotidien/index.html

QUELQUES ADRESSES FRANCOPHONES POUR NAVIGUER SUR INTERNET *(suite)*

http://www.courrierint.com (*La Tribune de Genève*)
http://www.nomade.fr/afp (Agence France Presse)
http://www.bva.fr, www.ifop.fr, www.ipsos.com (Instituts de sondage)
http://www.monde-diplomatique.fr/

• **Musées :**
http://mistral.culture.fr/louvre
http://www.Musee-Orsay.fr

• **Cinéma :**
http://www.fcm.fr (actualité du cinéma français)

• **Civilisation, tourisme, gastronomie :**
http://www.tourisme.fr
http://www.paris.org

Financer ses études

Principaux objectifs

• Comparer les diverses façons de financer ses études en France.

• Repérer et analyser l'emploi des déterminants.

• Repérer et analyser l'emploi des pronoms personnels.

I - GROS PLAN SUR LA COMPRÉHENSION

• **Centre aéré** : centre qui propose des activités sportives, des jeux et des sorties ; fonctionne dans les écoles le mercredi et pendant les vacances scolaires. En effet, le mercredi est un jour de congé dans les écoles primaires (autrefois, c'était le jeudi).

• **Centre de vacances** (colonies de vacances) : très nombreux en France depuis les années 50, ces centres sont souvent à thème : équitation, canoë-kayak, poterie, etc.

• **Parc des Princes** : c'était le plus grand stade de la région parisienne jusqu'à la construction du stade de France à Saint-Denis (v. cartes, p. 17).

• **Bercy** : Palais Omnisports de Paris Bercy (POPB), une très grande salle de sports couverte qui sert aussi de salle de spectacle (v. carte, p. 17).

• **Rentrée scolaire** : réouverture des écoles, collèges et lycées après les vacances d'été. La rentrée est un moment très important en France, on parle aussi de "rentrée sociale, politique, théâtrale ...". C'est la reprise de l'activité après l'interruption des grandes vacances.

• **SMIC** : Salaire Minimum Interprofessionnel de Croissance. En principe, on ne peut pas gagner moins que ce salaire si on travaille à plein temps et qu'on a un vrai poste.

• **Spécimen** (de livre) : exemplaire gratuit. Les enseignants en France ont droit à des exemplaires gratuits d'ouvrages scolaires, sur demande.

Séquence 1 - Le travail de Malik

1. Depuis combien de temps est-ce que Malik travaille à Burger King ?

2. À quel moment de la journée est-ce qu'il travaille ?

3. Pourquoi a-t-il choisi ce travail ?

4. Que fait-il à Burger King ?

5. Quels avantages trouve-t-il à y travailler ?

Séquence 2 - Les bourses et les petits boulots

1. À combien s'élève la bourse de Vanessa ?
2. Quels sont les critères pour l'attribution des bourses en France ?
3. Qui octroie les bourses ?
4. Comment Odette utilise-t-elle sa bourse ?
5. Pourquoi Annick ne reçoit-elle pas de bourse ?
6. Qu'est-ce qu'Anaïck reproche au système des bourses ?
7. Que font Hervé, Éric et Maud pour gagner de l'argent ?
8. Faites une liste des "petits boulots" entrepris par Anaïck.
9. À votre avis, pourquoi Anaïck a-t-elle trouvé du travail à Nestlé-Rowntree ?
10. En quoi consiste le travail de Patrice ?

Séquence 3 - Le travail d'Audrey

Décrivez le travail d'Audrey.

II- GROS PLAN SUR LE LEXIQUE

A...................................Autour d'un thème...................................

1- L'année

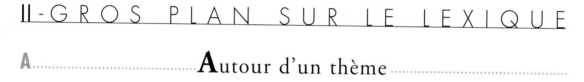

Les fêtes	
le Jour de l'An *1ᵉ Janvier*	la fête de la musique *21 juin*
Pâques	la fête nationale *14 juill*
la fête du travail *1ᵉ Mai*	l'Assomption
le 8 mai	la Toussaint *1ᵉ novembre*
l'Ascension	la commémoration de l'Armistice *11 nov.*
la Pentecôte	Noël *25 décembre*
la fête des mères	la Saint-Sylvestre *31 déc.*

faire le pont

a) Maud mentionne les vacances de Pâques. Il est important de noter qu'autrefois le week-end pascal était situé au milieu des vacances scolaires qui duraient du dimanche des Rameaux au dimanche suivant Pâques (Quasimodo) mais, depuis quelques années, celles-ci sont décalées dans le temps, et on parle plutôt de "vacances de printemps".

Pouvez-vous donner la date des jours fériés et événements mentionnés ci-dessus ? Donnez une date précise lorsque c'est possible. Quels jours de la semaine l'Ascension, la Pentecôte et la fête des mères tombent-elles ? Que commémore-t-on le 8 mai ?

b) Dans le contexte des jours fériés (ou des jours de congé) qui résultent des diverses fêtes mentionnées ci-dessus, que signifie l'expression "faire le pont" ?

2- L'argent

Différentes formes d'argent	Expressions	Expressions familières (voire argotiques)

une pièce de monnaie
un billet (de banque)
de l'argent liquide / du liquide
de la monnaie
de la petite monnaie
un chèque
une carte de crédit
une carte bleue
une carte Visa
un livret de caisse d'épargne
	payer ou régler :
	  - en argent liquide,
	  - par chèque,
	  - par carte bleue
	faire l'appoint
	avoir des dettes
	emprunter (de l'argent) :
	  - à quelqu'un,
	  - à une banque
	prêter (de l'argent)
		J'ai pas :
		  - un rond,
		  - un radis,
		  - une thune,
		  - un sou.
		Tu as des sous ?
		C'est seulement dix balles.
		Il se fait un fric fou.
		Il a beaucoup de pognon.
		Il est plein aux as.

a) Soyez précis : remettez à chacun son salaire (ou mode de rémunération).

EXEMPLE : autrefois, un domestique recevait des **gages** :

une ouvreuse de cinéma	des honoraires
un enseignant	un cachet
un avocat / un notaire	un pourboire
un acteur	un traitement

b) Connaissez-vous des expressions idiomatiques ou des proverbes contenant le mot **argent** ? Lesquels ?

c) Beaucoup d'étudiants ont manifestement des difficultés financières pour subsister.
La langue française est riche en expressions imagées pour indiquer que l'on est "à court d'argent" et que la vie est difficile : pouvez-vous en citer quelques-unes ? Lesquelles ?

B .... **D'**un mot à l'autre ....

1 - Anaïck : *J'ai redoublé un semestre* → J'ai dû refaire le travail de ce semestre et recommencer les examens – En effet, dans le système scolaire français, les enfants, tout comme les étudiants du Supérieur, peuvent redoubler une classe, c'est-à-dire rester un an de plus dans la même classe si leurs résultats ne sont pas satisfaisants.

Que signifie ?
- redoubler d'attention,
- redoubler d'effort.

2- Les synonymes

a) Donner un synonyme de **que** dans : *Que des livres pédagogiques.* (Audrey)

b) • Remplacez les mots en gras dans ces extraits de la vidéo par des expressions synonymes :
Anaïck : *Ils **coupent carrément** la bourse.* / *Ils devraient **couper la poire en deux**.*

• Que coupe-t-on en quatre lorsqu'on se lance dans des points de détail ou des subtilités excessives ?

Que coupe-t-on sous les pieds de quelqu'un lorsqu'on l'empêche de faire quelque chose en le faisant avant lui ?

Que signifie : "on n'y coupera pas" ?

• Donnez d'autres expressions avec **couper** et indiquez ce qu'elles veulent dire.

III - GROS PLAN SUR LA GRAMMAIRE

A .... Les déterminants ....

1 - Lisez attentivement ce que disent Vanessa et Anaïck, et notez l'emploi des déterminants, c'est-à-dire des articles, et des adjectifs possessifs, démonstratifs, numéraux et indéfinis.

> Vanessa : *Je suis boursière depuis le mois d'octobre, je reçois une somme tous les mois.*
> Int : *C'est une somme qui s'élève à combien ?*
> Vanessa : *À 1500, je reçois 1500 F par mois, parce que mes parents viennent juste de divorcer, et ma mère est seule avec quatre enfants. Donc, chaque famille en difficulté a des bourses, en général.*
> Int : *Et est-ce que cette somme d'argent vous suffit ou est-ce que vous avez besoin de travailler à côté ?*
> Vanessa : *1500 F par mois pour une étudiante, c'est relativement suffisant, en tout cas pour moi ça me suffit. Ça m'empêche pas de travailler à côté, je garde les enfants le mercredi, je suis animatrice en centre aéré.*
> Anaïck : *Je travaille comme placeuse, ou comme ouvreuse, suivant le langage qu'on emploie au Parc des Princes ou quelquefois à Bercy, où je conduis les spectateurs à leur place. C'est soit pour un match, soit pour un concert, enfin, ça dépend des festivités en fait. Et nous sommes rémunérés au pourboire. On est déclaré une heure, donc, à 30 F l'heure, à peu près le SMIC, et donc voilà. Sinon, je fais un petit peu de baby-sitting comme beaucoup d'étudiants je crois, c'est un boulot de dépannage et je donne quelques cours, juste deux cours par semaine, à un garçon qui a quatorze ans, qui a des difficultés en français, voilà.*

Repérez en particulier :

• Les cas où l'on trouve :

- l'article défini **le, la, les**,
- l'article défini **le** ou **les** contracté avec les prépositions **à** ou **de** (**au, aux ; du, des**),
- l'article indéfini **un, une, des**,
- l'adjectif possessif **mon, ma, mes**,
- l'adjectif démonstratif **ce, cet, cette, ces**,

- l'adjectif indéfini **chaque, quelques**, etc.,
- l'adjectif numéral **un, deux**, etc..

Notez qu'il n'y a **pas d'article partitif** dans ces extraits (**du, de l', de la**. Exemple : avoir **du** travail / **de l'**argent / **de la** chance).

• Les cas où le nom n'est pas précédé d'un déterminant : **ø** (article zéro).
Traduisez dans votre langue ce que disent Vanessa et Anaïck et notez les différences d'emploi des déterminants entre le français et votre langue.

2 - Contrastez et commentez l'emploi, ou au contraire l'absence, de l'article dans les expressions ou phrases suivantes :
- une somme **d'argent** / la valeur **de l'argent** ;
- je change **d'endroit** / ce n'est pas moi qui décide **de l'endroit** où je vais travailler ;
- une demande **de bourse** / le montant **de la bourse** ;
- un billet **de banque** / une lettre **de la banque** ;
- je travaille **samedi** / je travaille **le samedi**.

3 - Que trouve-t-on après une négation ou une expression de quantité ? Donnez au moins trois exemples qui apparaissent dans les trois séquences de l'unité.
EXEMPLES : *je n'ai **pas de** bourse / je fais **un petit peu de** babysitting / comme **beaucoup d'**étudiants.*

4 - Observez tous les **des** dans les exemples suivants. Dites s'il s'agit de l'article indéfini **des** ou de l'article défini **les** contracté avec la préposition **de**.

> Hervé : *J'entraîne **des** petits enfants (...). C'est intéressant, car le contact **des** enfants est très plaisant.*
> Maud : *Je travaille en dehors **des** cours donc je fais **des** centres aérés avec **des** enfants de six à huit ans.*
> Anaïck : *Ça dépend **des** festivités.*

5 - **De** ou **des** ? Analysez et commentez les deux exemples suivants :
- cette fac offre **de nombreuses possibilités** ;
- cette fac offre **des possibilités variées**.

6 - Complétez les phrases suivantes par l'article qui convient **là où il est nécessaire** (et en faisant les modifications qui s'imposent !).
1. Elle est .... ouvreuse à .... Odéon.
   C'est .... ouvreuse très sympathique.
   Il faut donner un pourboire à .... ouvreuse qui vous conduit à votre place.
   Son travail de .... ouvreuse est très mal rémunéré.
2. Elle est venue .... mardi dernier ; elle venait généralement .... mercredi, mais depuis qu'elle travaille comme .... animatrice dans un centre aéré, elle n'est plus libre .... mercredi.
   Quel jour êtes-vous née ? Moi, je suis née .... jeudi.

3. Le centre aéré où elle travaille est ouvert ...*le*... matin et ...*l'*... après-midi, six jours par semaine. Il est fermé ...*le*... dimanche.

4. Je lis pour ...*le*... plaisir et non par .... obligation.
Quand on fait quelque chose sans .... plaisir, ...*le*... résultat est moins bon.
Je le ferai avec .... plaisir.

5. Les étudiants ont besoin ...*d'*... argent pour acheter ...*les*... livres au programme. *specific*
Paul n'a plus ...*d'*... argent ; son père, qui gagne pourtant ...*un*... argent fou, a refusé de lui donner ...*de l'*... argent.

6. En ce moment, il a ...*des*... *sch* horaires impossibles et il a décidé de changer de .... travail !
Il cherche ...*un*... travail plus intéressant et mieux rétribué, mais il va probablement avoir ...*des*... problèmes. Heureusement, il a beaucoup ...*de*... talent.

B — Les pronoms personnels

1 - Repérez les pronoms personnels dans les phrases suivantes.

> Vanessa : *Pour **moi**, ça **me** suffit. Ça ne **m'**empêche pas de travailler à côté.*
> Odette : *Je reverse cette bourse à mes parents pour **les** aider, et aussi parce que j'estime que je **me** dois de **les** aider parce qu'ils **m'**ont permis quand même de débuter, enfin d'aller à l'université les deux premières années. Donc pour **moi**, c'est un petit peu une façon de **les** remercier que de **leur** verser une partie de cette bourse.*
> Hervé : *Le contact des enfants **m'**apporte beaucoup et, je pense, **leur** a apporté beaucoup au niveau sportif.*
> Patrice : *Ça permet d'aider les nouveaux qui arrivent, de **leur** expliquer, de **les** aider à s'adapter assez facilement après, enfin j'espère pour **eux**.*

2 - Vérifiez que vous connaissez toutes les formes du pronom personnel :
- objet direct,
- objet indirect,
- forme tonique ou d'insistance (EXEMPLE : **moi**).

3 - Reformulez :
a) Ce que dit Vanessa en prenant le point de vue d'une amie.
EXEMPLE : Pour **elle**, ça...
b) Ce que dit Odette en prenant le point de vue des parents d'Odette.
EXEMPLE : Elle **nous** reverse cette bourse pour...
c) Ce que dit Patrice du point de vue d'un étudiant qui vient d'arriver.

4 - Étudiez les phrases suivantes.
- Parce que ses parents travaillent tous les deux, Annick n'a pas droit à une bourse : elle n'**y** a pas droit.

- Anaïck n'a pas de bourse parce qu'elle a redoublé : elle n'**en** a pas cette année, mais elle espère **en** avoir une l'an prochain.

- Il y a des emplois qui sont plus intéressants que d'autres, et il y **en** a qui sont mieux payés que d'autres.

À quoi correspondent les pronoms **y** et **en** ?

5 - Remplacez les groupes de mots en gras par le pronom qui convient.

1. Ils donnent **de l'argent à leur fille**.
2. Elle s'est inscrite **à l'université de Marne-la-Vallée** : elle fait **de l'allemand** depuis sept ans.
3. Elle s'intéresse **à son travail** ; elle fait **son travail** avec plaisir.
4. Vous avez demandé **une bourse aux autorités** ? *Vous leur en avez demandé une.*
5. J'ai donné **des cours d'allemand à des adolescents**. *Je leur en ai donné.*
6. Le patinage est un sport qui plaît **aux enfants**. Ils font souvent **du patinage**.
7. Elle donne **des spectacles** pour **de jeunes enfants**.
8. Elle est allée **en Italie** avec **sa mère**. *Elle y est allée avec elle.*
9. Ça dépend **des gens**. Certains n'arrivent pas à se faire **aux horaires**.
10. Cette année, on n'a pas octroyé **de bourse à Anaïck**.
   on ne lui en a pas octroyé
   en a pas octroyé une.

IV - GROS PLAN SUR LES MANIÈRES DE DIRE

1 - Les marques de l'oralité : élisions et tournures elliptiques

Relevez les éléments élidés chez Annick, Hervé, Patrice et Audrey.
EXEMPLE : Vanessa : *Ça (ne) m'empêche pas de travailler.*

2 - La langue familière

Reformulez en français standard les mots ou expressions suivantes :

  un petit boulot / une boîte (d'assurances*) / c'est des travaux tout bêtes / au niveau aussi* (contact humain*) / des petits jobs*

3 - Les variations du niveau de langue chez un même locuteur

Malik oscille entre langue parlée ordinaire et expressions plus recherchées. Donnez des exemples des deux types de langue.

V - GROS PLAN SUR LA COMMUNICATION

A   Communication orale

1 - Tour de table

a) Expliquez comment vous financez vos études.

b) Présentez une activité professionnelle que vous avez exercée. Indiquez la façon dont vous avez trouvé cet emploi, la période de l'année, la fréquence, le taux de rémunération, les principaux avantages. (Vous êtes libre d'inventer.)

2 - Travail à deux

a) Quel est le "petit boulot idéal" pour un étudiant ?

b) Quels sont les avantages et inconvénients d'un travail rémunéré en dehors des études ?

3 - Débats

a) On dit que "l'argent ne fait pas le bonheur". Qu'en pensez-vous ?

b) Petit boulot ou emprunt bancaire ? Auquel vaut-il mieux avoir recours ?

c) "Il est plus satisfaisant de financer soi-même ses études". Que pensez-vous de ce point de vue ?

4 - Jeux de rôle - Simulations

a) Vous exercez un petit boulot. Un(e) camarade vient vous voir au travail et vous interroge.

b) Ouvrir un compte en banque en France : jouez le rôle soit de l'employé(e) de banque soit de l'étudiant(e) arrivant en France pour une année et désireux(euse) d'ouvrir un compte.

c) La cigale et la fourmi : un(e) étudiant(e) dépensier(ière) qui aime s'amuser parle avec un(e) camarade très sérieux(euse) et prévoyant(e).

d) Lisez le texte de Raymond Jean pp. 73-74 et jouez avec un(e) partenaire les deux scènes : Marie-Constance et Françoise, Marie-Constance et le directeur de l'agence.

B   Communication écrite

1 - Lettre

a) Vous avez trouvé "un petit boulot" pour l'été. Vous écrivez à un(e) ami(e) pour lui en parler.

b) Vous souhaitez trouver un emploi d'été en France. Vous écrivez une lettre de motivation en réponse à une petite annonce que vous avez lue dans un journal, ou bien à une agence que l'on vous a conseillée, ou encore directement à un employeur que l'on vous a recommandé.

2- Rédaction

Peut-on parler d'égalité des chances dans le domaine de l'éducation quand beaucoup d'étudiants sont obligés de travailler en dehors de leurs cours pour gagner de l'argent ?

3- Article

a) On vous a demandé d'écrire un article sur la façon dont les étudiants financent leurs études dans votre institution : vous contrastez la situation en France (telle qu'elle ressort des propos des étudiants que vous venez de voir) et dans votre pays.

b) Vous écrivez un article pour une revue : vous voulez démontrer que les petits boulots des étudiants sont une bonne chose car ils leur montrent "la vraie vie".

4- Résumé

Résumez ce que disent les étudiants dans cette unité.

5- Journal de bord

VI - GROS PLAN SUR LA LECTURE

Un travail original

1   Je me présente : Marie-Constance G., trente-quatre ans, un mari, pas d'enfants, pas de profession. Hier, j'écoutais le son de ma voix. C'était dans la petite chambre bleue de notre appartement qu'on appelle la "chambre sonore". Je me récitais des vers de Baudelaire qui me revenaient. Il me semble que ma voix est plutôt agréable. Mais s'entend-on soi-même ? Justement, mon amie Françoise, rencontrée la semaine dernière, m'a dit : Tu as une merveilleuse voix, c'est idiot de n'en rien faire, et plus idiot encore de rester inactive, une femme doit absolument avoir une occupation à notre époque... quand nous étions ensemble au Conservatoire, tu montrais réellement beaucoup de talent... pourquoi ne mets-tu pas une annonce dans les journaux pour proposer d'aller faire la lecture à domicile chez les uns ou les autres ? Françoise est charmante, mais elle a souvent des idées saugrenues. En ce qui la concerne, elle a plutôt les pieds sur terre – elle est secrétaire chez un avocat – elle n'en projette que plus volontiers sur les autres un grain de romantisme et de bizarrerie. Idée bizarre en effet : se faire lectrice à domicile, à l'heure des livres-cassettes, comme au temps des duchesses, des tsarines et des dames de compagnie. Mais non, a dit Françoise, pas du tout, ce peut être très différent aujourd'hui, tout à fait pratique et concret : des malades, des handicapés, des vieux, des retraités, des célibataires. Perspective réjouissante, en effet. Mais j'avoue que des célibataires, c'est drôle. L'idée a cheminé en moi.

   Me voici devant le type de l'agence qui prend les textes des annonces. Il mâchouille un mégot éteint sous une moustache balai-brosse, l'œil braqué sur moi. C'est difficile à allumer, un œil vide. Il essaie pourtant. Je n'ai pas de conseil à vous donner, dit-il, mais

à votre place... je ne passerais pas une annonce de ce genre... vraiment pas... surtout pas dans une ville comme la nôtre... Je lui demande pourquoi. Il hoche la tête, pousse un soupir, relit mon petit papier qu'il tortille d'un air accablé : "Jeune femme propose lec-
25   ture à domicile : textes littéraires, textes documentaires, textes divers". Suit mon numé-ro de téléphone. Vous allez avoir des ennuis... Une dactylo installée à une table voisine s'arrête de temps en temps pour s'injecter dans une narine le contenu d'un pulvérisa-teur de poche. Elle en profite pour nous regarder furtivement, nous écouter sans doute. Il baisse la tête et la voix : Croyez-moi, je connais mon métier... Je lui réponds sèche-
30   ment : Je vous demande de passer cette annonce, pas de la commenter. Il m'observe sans rien dire, fixement, puis m'explique que beaucoup de journaux, et même parmi les plus célèbres, publient aujourd'hui des annonces plus ou moins équivoques et qu'on pour-rait se méprendre sur la mienne... Il se remet à mâchouiller, à hocher la tête. Je lui dis que mon annonce n'a rien d'équivoque. Reniflements de la dactylo. Dans ce cas, dit-il,
35   il faut enlever "Jeune femme"... Pour mettre quoi ? Il réfléchit, se concentre : Pour mettre "Personne". À mon tour d'être interloquée : Comment, personne ? Il tient tou-jours mon papier dans ses mains, l'éloigne un peu de ses yeux comme pour mieux le lire, le mégot vacille sur sa lèvre inférieure. Oui, il faut dire : "Personne susceptible de lire à domicile offre ses services, etc.", vous voyez, "Personne" n'a pas de sexe ! Assez
40   éberluée, je lui réplique qu'on ne comprendra rien à l'annonce si elle est rédigée en un tel charabia. Il se tait, piqué, puis brusquement : Bon, si vous y tenez, on va la passer comme ça, après tout c'est votre affaire, mais au moins ne donnez pas votre téléphone, contentez-vous du code du journal si vous voulez limiter les dégâts... croyez-moi, j'ai l'habitude de ces choses et ce que vous proposez est justement très inhabituel... Il tend
45   le papier à la dactylo, sans la regarder, d'un air vaguement dégoûté, et lui demande de taper le texte en trois exemplaires pour les trois journaux locaux. Puis il s'empare d'une calculette, établit ma facture. Je fais un chèque, je me lève, je sors. Je sens son regard traîner sur mes mollets et sur mes talons.

Raymond Jean, *La lectrice*, © Actes Sud (éd. J'ai lu, 1986, pp. 5-7).

Les projets professionnels

Principaux objectifs

- Exprimer des hypothèses, des souhaits, des désirs.
- Travailler sur les formes et l'emploi du conditionnel présent et passé.
- Observer et analyser l'emploi du discours direct et indirect dans la conversation.

I - GROS PLAN SUR LA COMPRÉHENSION

- **Le concours (de la police)** : le concours est un mode de recrutement très courant en France, en particulier pour tous les postes de la Fonction publique (enseignement, police, emplois municipaux...). Il s'agit d'un examen, souvent avec épreuves écrites et orales, portant sur des connaissances générales. Les candidats sont en compétition pour un nombre de places limité, toujours déterminé à l'avance.
- **Institutrice** : jusqu'en 1989, les enseignants de l'école élémentaire étaient tous instituteurs et institutrices. Depuis cette date, les futurs enseignants du primaire sont recrutés sur concours après la licence, on les appelle "professeurs des écoles" et ils sont mieux rémunérés.
- **Mère Teresa** (1910-1997) : religieuse d'origine albanaise qui s'est occupée des déshérités de Calcutta.
- **Le Festival d'Avignon** : festival de théâtre qui a lieu en juillet et a été créé en 1947 par le metteur en scène Jean Vilar. Les principales pièces sont jouées en plein air dans la cour du palais des Papes (v. carte, p. 18).

Séquence 1 - Ce qu'ils aimeraient faire

1. Faites l'inventaire :
- des métiers et des professions qui sont mentionnés dans cette séquence ;
- des activités qui attirent tout particulièrement les étudiants.
2. Quelles sont les deux choses qu'Anaïck voudrait éviter avant tout ?
3. Citez quelques étapes de l'organisation d'un voyage de "A à Z" selon Vanessa.

Séquence 2 - Ce qu'ils auraient aimé faire

Pour chaque étudiant, notez ce qu'ils auraient aimé faire en indiquant – lorsque l'information est donnée – pourquoi ils avaient choisi cette voie et pourquoi ils ont changé d'avis.

	Premier choix	Raisons de ce choix	Raisons de l'abandon
Maud			
Éric			
Vanessa			
Karine			
Emmanuel			
Ramata			
Odette			

Séquence 3 - Le conseiller d'orientation

Quelles orientations le conseiller suggère-t-il à Virginie ? Pourquoi mentionne-t-il le Festival d'Avignon ?

II - GROS PLAN SUR LE LEXIQUE

A Autour d'un thème

Trouver du travail : Le point de vue de l'employé	

contacter :
   - une agence
   - un bureau de recrutement
 lire les petites annonces dans la presse
 regarder les offres d'emploi
 aller à l'ANPE
 faire une demande d'emploi
 passer un concours
 postuler un emploi
	poser sa candidature
	 écrire une lettre de motivation
	 envoyer un CV
	 remplir un formulaire
	 avoir / passer un entretien
	 fournir :
	   - une attestation
	   - des références

Recruter : Le point de vue de l'employeur
(faire) passer une petite annonce   mettre une petite annonce   convoquer un candidat   faire passer un entretien   embaucher   offrir un poste

Se former
la formation continue   la formation permanente   suivre un stage de formation   acquérir un savoir-faire   se spécialiser   se recycler   suivre des consignes / des directives

a) Le genre des professions

Avez-vous remarqué que certains métiers ou professions n'existent qu'au masculin, ou qu'au féminin, alors que d'autres peuvent s'employer indifféremment au masculin ou au féminin, ou bien ont deux formes spécifiques.

• Classez les métiers mentionnés par les étudiants selon leur genre :

EXEMPLES : professeur → pas de féminin

enseignant / enseignante → masculin / féminin

journaliste → masculin ou féminin

• Citez d'autres professions / carrières qui n'existent qu'au masculin ou qui n'existent qu'au féminin.

b) Delphine souhaite aller dans une école d'interprétariat "pour être interprète".

Savez-vous où l'on doit aller en France pour devenir :

médecin / journaliste / enseignant(e) / agent ou cadre (technico-)commercial / guide touristique ?

B .... D'un mot à l'autre ....

1 - Reformulez les expressions suivantes de manière à en faire ressortir le sens :

Maud : *J'ai été recalée parce qu'il me manquait deux centimètres.*
Annick : *Le courant passe entre les enfants et moi.*
Ramata : *J'étais calée en français.*
Odette : *Je changeais d'avis comme de chemise.*

2 - D'une signification à l'autre : le verbe **manquer**

a) Dans la vidéo, Maud déclare : *J'ai été recalée parce qu'il me manquait deux centimètres.* Quel est le sens du verbe **manquer** dans ce contexte ?

b) Donnez les autres sens de ce verbe dans les contextes suivants soit en utilisant une expression équivalente, soit en continuant la phrase pour en éclairer le sens :

EXEMPLE : Sa famille lui manque → Il n'a pas vu ses parents et sa sœur depuis un mois.
Il souffre d'être loin de sa famille.

1. Il a manqué son cours de français hier.
2. Elle ne manque pas de courage.
3. On ne manque de rien ici.
4. Elles se sont manquées de quelques minutes.
5. Ne manquez pas de téléphoner à votre arrivée !
6. Je n'y manquerai pas !
7. Il a manqué à sa parole.
8. Il a vu la petite annonce trop tard. C'est une occasion manquée.
9. Vous n'avez rien manqué en ne venant pas à ce spectacle.
10. Il manquait régulièrement d'argent à la fin du mois.

III - GROS PLAN SUR LA GRAMMAIRE

A .... Le conditionnel ....

①- Si...

Dans la vidéo, deux étudiants déclarent :

Emmanuel : *Si tout était permis, j'aimerais bien avoir une vie de vagabondage.*
Emmanuel : *Si l'argent n'était pas un problème....*
Delphine : *Si tout allait bien je ferais de l'interprétariat.*

Notez l'emploi de l'**imparfait après si** dans tous ces énoncés. Attention, **après si**, on peut également trouver le **présent** ou le **plus-que-parfait**.
EXEMPLES : Si elle **réussit** au CAPES, elle sera professeur.
Si elle **avait réussi** au CAPES, elle aurait été professeur.

②- Repérage et vérification

Repérez tous les verbes au conditionnel présent dans la première séquence, et les verbes au conditionnel passé dans la deuxième séquence. Comment ces temps sont-ils formés ?
Vérifiez que vous connaissez toutes les formes du conditionnel en mettant les phrases suivantes au conditionnel présent, puis au conditionnel passé.
EXEMPLE : **Je peux** le faire. → **Je pourrais** le faire.
J'aurais pu le faire.

1. Elle est interprète.
2. Nous passons devant la bibliothèque.
3. Ils restent chez eux.
4. Je dois y aller.
5. Vous ne la voyez pas.

6. Il va au théâtre.
7. Vous passez un mois à Paris.
8. Tu viens avec moi ?
9. Elles le savent.
10. Je le fais.

③- L'imparfait ou le plus-que-parfait après **si** ?

Mettez le verbe donné entre parenthèses au temps qui convient.
EXEMPLES : J'aurais moins de problèmes si je (avoir une bourse)
→ si j'**avais** une bourse.
J'aurais eu moins de problèmes si je (avoir une bourse)
→ si j'**avais eu** une bourse.

- J'irais au Festival d'Avignon si je (avoir le temps) ....
- Je serais allé au Festival d'Avignon si je (avoir le temps) ....
- Elle aurait été pompier s'ils (recruter) des femmes ....
- Nous serions venus si nous (savoir) ....
- Elle irait en France si elle (connaître) .... quelqu'un là-bas.

4 - Une requête, un désir ou un conseil

Mettez les verbes donnés entre parenthèses au conditionnel présent et indiquez s'ils expriment une requête, un désir ou un conseil :

- À ta place, je ne (continuer) .... pas dans cette voie.
- Ce travail n'est pas très bien payé, vous (devoir) .... en chercher un autre.
- Est-ce que vous (pouvoir) .... me renseigner sur les débouchés offerts par ces études ?
- Je (vouloir) .... trouver un emploi qui me permettrait de voyager.
- Je (préférer) .... rester dans la région.

[manuscrit : unfulfilled desire in the past]

5 - Le regret

Le conditionnel passé permet entre autres d'exprimer le regret. Transformez ces phrases pour en faire le récit des regrets d'une chanteuse ratée :

Je (vouloir) *[aurais voulu]* .... être chanteuse de variété. Je (devoir) *[devrais]* .... travailler plus dur. Je (connaître) *[aurais connu]* .... un succès international et je (avoir) *[aurais eu]* .... beaucoup d'admirateurs. Je (donner) .... des concerts un peu partout et (être) .... prête à voyager à tout moment. Je (gagner) .... beaucoup d'argent, ce qui me (permettre) .... d'acheter une villa sur la côte d'Azur... Mais en fait je n'ai chanté que dans la chorale du quartier...

6 - Le futur dans le passé

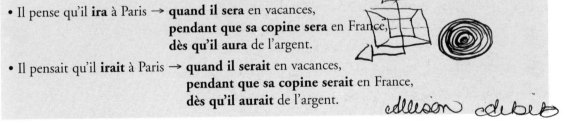

Il est important de remarquer que le conditionnel est parfois en fait un futur dans le passé. Observez par exemple la concordance des temps dans les contextes indiqués ci-dessous :

- Il pense qu'il **ira** à Paris → **quand il sera** en vacances,
  pendant que sa copine sera en France,
  dès qu'il aura de l'argent.

- Il pensait qu'il **irait** à Paris → **quand il serait** en vacances,
  pendant que sa copine serait en France,
  dès qu'il aurait de l'argent.

Écrivez cinq phrases sur le même modèle (v. aussi en B Le discours indirect).

B   Le discours direct / Le discours indirect

1 - Il y a deux façons de rapporter ce que l'on s'est dit, ou ce que l'on a dit à quelqu'un, ou encore ce que quelqu'un vous a dit ; comparez par exemple ce que disent Annick et Vanessa :

Annick : *Ça me plairait bien d'enseigner et de me dire que je peux être utile pour quelqu'un. Ça me paraît bien de me dire que j'ai participé à l'éducation de quelqu'un.*

> Vanessa : *Je me suis dit : "Comme j'aime beaucoup les langues, je vais me diriger un petit peu vers les langues."*
> *(...) à chaque fois que j'allais consulter l'ophtalmologue, je me disais : "Ah ! c'est intéressant comme métier, c'est super !" et ma grand-mère qui avait des problèmes de vue me disait aussi :" Mais quand tu seras grande, tu pourras me soigner."*

• Annick utilise **le discours indirect** : *Ça me plairait... de me dire que je peux être utile...*
Elle aurait pu dire : Ça me plairait de me dire : "Je peux être utile."

• Vanessa, elle, **rapporte directement** les propos qu'elle s'est tenus intérieurement.
Au discours indirect, cela donnerait :

Je me suis dit **que**, comme **j'aimais** beaucoup les langues, **j'allais** me diriger un petit peu vers les langues. / (...) à chaque fois que j'allais consulter l'ophtalmologue, je me disais **que c'était** intéressant comme métier, **que c'était** super, et ma grand-mère qui avait des problèmes de vue me disait aussi **que quand je serais** grande, **je pourrais** *la* soigner.

> Notez tous les changements :
> - **que** pour introduire ce qui était entre guillemets ;
> - verbe au présent → verbe à l'imparfait ;
> - verbe au futur → verbe au conditionnel (futur dans le passé) ;
> - le pronom peut changer également, par exemple, tu → je, me → la, etc.

2 - Reformulez les propos suivants en les mettant au discours indirect :

> Vanessa : *Je me suis dit : "Oh là ! pour être ophtalmologue, il faut au moins dix ans de..., il faut d'abord être médecin, après il faut être ophtalmologue, au moins dix ans d'études !", alors je me suis dit : "On va couper court à ça !"*
> Karine : *On m'a dit : "On ne prend pas de femmes, sauf dans l'administration."*
> Odette : *C'était l'influence de la télévision, l'influence des amis qui disaient "Ah ! ben, moi plus tard, je veux être ci...."*

3 - Reformulez les phrases suivantes au discours indirect :

EXEMPLES : Elle m'a dit : "Je viendrai cet été" → Elle m'a dit **qu'elle viendrait** cet été.
Elle m'a demandé : "Tu le feras ?" → Elle m'a demandé **si je le ferais.**

1. Il a dit : "Je partirai quand j'aurai terminé ce rapport."
2. Ils ont écrit : "Nous viendrons bientôt."
3. Nous lui avons promis : "Nous pourrons t'emmener."
4. Vous m'avez bien dit : "Je vais à Paris" ?
5. Vous avez écrit : "Cela vaut mieux !"
6. Le professeur a annoncé : "Il y aura un contrôle des connaissances."
7. Ils ont demandé : "Nous pourrons travailler ?"
8. Je lui ai demandé : "Tes parents viendront aussi ?"
9. Elle m'a demandé : "Tu es contente ?"
10. Il leur a demandé : "Vous passerez le concours ?"

IV - GROS PLAN SUR LES MANIÈRES DE DIRE

1 - Développer une idée

Dans les exemples ci-dessous (Séq. 1), **c'est-à-dire** et **donc** sont des façons de développer une idée, d'introduire une explication :

Emmanuel : *J'essaierai de me diriger vers ce que j'ai étudié, **c'est-à-dire** les sciences économiques, **donc** essayer de travailler...*

Maud : *J'aimerais être guide touristique, **c'est-à-dire** emmener des gens en voyage.*

Relevez les autres procédés utilisés par les étudiants.

2 - Dramatiser ses propos

Vanessa raconte de façon très vivante ce qu'elle aurait aimé faire (Séq. 2). Quels procédés syntaxiques ou lexicaux emploie-t-elle ? Par exemple, Vanessa commence sa réponse de façon vigoureuse : *Alors...*

Vanessa : *Alors, quand j'étais enfant, je voulais faire ophtalmologue, parce que j'avais des problèmes de vue et ma grand-mère aussi, et à chaque fois que j'allais consulter l'ophtalmologue, je me disais : "Ah ! c'est intéressant comme métier, c'est super !" et ma grand-mère qui avait des problèmes de vue me disait aussi : "Mais quand tu seras grande, tu pourras me soigner, tu pourras me soigner" et, depuis que je suis petite, je voulais faire ophtalmologue. Seulement, quand j'ai grandi, j'ai vu un petit peu comment ça se passait la scolarité, tout ça, et je me suis dit : "Oh là ! pour être ophtalmologue, il faut au moins dix ans de..., il faut d'abord être médecin, après il faut être ophtalmologue, au moins dix ans d'études !", alors je me suis dit : "On va couper court à ça !".*

3 - De l'oral à l'écrit

Quand on parle, on ne finit pas toujours ses phrases, on saute d'une idée à l'autre, on se répète. On a aussi tendance à s'exprimer d'une façon familière, ou non "grammaticale" (selon les normes).

Reformulez oralement, ou réécrivez, ce que dit Anaïck (Séq. 1) dans un style soigné, en vue d'un entretien formel ou d'une lettre de motivation.

Anaïck : *Maintenant je ne sais pas du tout ce que je ferai. Bon, j'ai quelques espoirs. En fait, j'aimerais beaucoup enfin faire un travail, exercer une profession qui ait un rapport avec les langues ; j'aimerais beaucoup avoir beaucoup de contacts avec les gens. En fait, pas travailler enfermée dans un bureau et rester assise toute la journée, voilà.*

V - GROS PLAN SUR LA COMMUNICATION

A — Communication orale

1 - Tour de table

Il est permis de rêver...
Chaque étudiant complète les phrases suivantes et ajoute une phrase donnant d'autres détails :
- Si je réussissais à tous mes examens, je...
- Quand j'étais plus jeune, j'aurais aimé...
- Si j'avais eu le choix, j'aurais voulu...

2 - Travail à deux

a) Présentez votre profession idéale à votre partenaire (motivation, avantages, rémunération).
b) En quoi l'expérience des étudiants que vous avez vus est-elle proche de la vôtre ? À qui vous identifiez-vous le plus ? Comparez vos réactions.

3 - Débats

a) Y a-t-il des professions qui devraient rester fermées aux hommes – et d'autres aux femmes ?
b) L'université devrait-elle préparer les étudiants au monde du travail ?

4 - Jeux de rôle - Simulations

a) Avec un(e) partenaire, choisissez un métier qu'il vous serait possible de faire à l'avenir, mais sur lequel vous avez des idées opposées : vous défendez cette profession, votre partenaire en souligne les inconvénients.
b) Vous souhaitez travailler dans le tourisme : vous vous renseignez auprès d'un conseiller d'orientation.

5 - Sondage

Préparez un questionnaire permettant de préciser ce que chacun des membres de votre groupe aimerait faire et pourquoi. Présentez vos conclusions sous forme d'un tableau ou d'un exposé.

B — Communication écrite

1 - Lettre

a) À l'occasion d'une lettre à un(e) ami(e) français(e), vous parlez du métier que vous auriez aimé faire quand vous étiez plus jeune. Donnez les raisons de votre choix à l'époque et expliquez ce que vous ferez sans doute à l'avenir.

b) Vous écrivez une lettre à l'un(e) des étudiant(e)s que vous avez vu(e)s dans cette unité. Vous lui dites pourquoi votre expérience est proche ou au contraire très éloignée de la sienne, et vous exposez la situation de l'emploi dans votre pays pour les jeunes diplômés de l'université.

2- Rédaction

a) Le travail est nécessaire à l'équilibre humain. Qu'en pensez-vous ?

b) Dans l'extrait du roman de Georges Perec ("Premier emploi", v. ci-dessous), on lit "Ils auraient aimé, certes, comme tout le monde, se consacrer à quelque chose, sentir en eux un besoin puissant, qu'ils auraient appelé vocation, une ambition qui les aurait soulevés". Selon vous, est-il toujours important d'avoir une vocation ?

3- Article

a) Écrivez un texte pour la revue française de votre institution sous le titre "L'avenir tel qu'on se l'imagine", dans lequel vous exprimez ce que vous aimeriez être / faire dans dix ans.

b) Faites un rapport sur les projets professionnels (rêves et réalité) de votre groupe – soit pour un journal local, soit pour une station de radio ou de télévision (écrit oralisé). Comparez avec la situation des étudiants que vous venez de voir.

c) Vous écrivez pour le magazine de votre établissement un article de trois cents mots environ où vous encouragez les jeunes à envisager leur avenir professionnel de la façon la plus positive possible.

4- Résumé

Résumez ce que disent les étudiants en cent cinquante mots environ.

5- Journal de bord

VI - G R O S   P L A N   S U R   L A   L E C T U R E

*P*remier emploi

1 Jérôme avait vingt-quatre ans, Sylvie en avait vingt-deux. Ils étaient tous deux psycho-socio-logues. Ce travail, qui n'était pas exactement un métier, ni même une profession, consistait à interviewer des gens, selon diverses techniques, sur des sujets variés. C'était un travail dif-ficile, qui exigeait, pour le moins, une forte concentration nerveuse, mais il ne manquait pas
5 d'intérêt, était relativement bien payé, et leur laissait un temps libre appréciable.

Comme presque tous leurs collègues, Jérôme et Sylvie étaient devenus psycho-socio-logues par nécessité, non par choix. Nul ne sait d'ailleurs où les aurait menés le libre développement d'inclinations tout à fait indolentes. L'histoire, là encore, avait choisi pour eux. Ils auraient aimé, certes, comme tout le monde, se consacrer à quelque chose,

10 sentir en eux un besoin puissant, qu'ils auraient appelé vocation, une ambition qui les
aurait soulevés, une passion qui les aurait comblés. Hélas, ils ne s'en connaissaient
qu'une : celle du mieux-vivre, et elle les épuisait. Étudiants, la perspective d'une pauvre
licence, d'un poste à Nogent-sur-Seine, à Château-Thierry ou à Étampes, et d'un salaire petit, les épouvanta au point qu'à peine se furent-ils rencontrés -– Jérôme avait alors
15 vingt et un ans, Sylvie dix-neuf – ils abandonnèrent, sans presque avoir besoin de se
concerter, des études qu'ils n'avaient jamais vraiment commencées. Le désir de savoir
ne les dévorait pas ; beaucoup plus humblement, et sans se dissimuler qu'ils avaient sans
doute tort, et que tôt ou tard viendrait le jour où ils le regretteraient, ils ressentaient le
besoin d'une chambre un peu plus grande, d'eau courante, d'une douche, de repas plus
20 variés, ou simplement plus copieux que ceux des restaurants universitaires, d'une voiture peut-être, de disques, de vacances, de vêtements.

Georges Perec, *Les choses*, © Julliard, 1965, pp. 26-27.

Rêves d'évasion

1 Ils rêvaient de vivre à la campagne, à l'abri de toute tentation. Leur vie serait frugale et
limpide. Ils auraient une maison de pierres blanches, à l'entrée d'un village, de chauds
pantalons de velours côtelé, des gros souliers, un anorak, une canne à bout ferré et ils
feraient chaque jour de longues promenades dans les forêts. Puis ils rentreraient, ils se
5 prépareraient du thé et des toasts, comme les Anglais, ils mettraient de grosses bûches
dans la cheminée ; ils poseraient sur le plateau de l'électrophone un quatuor qu'ils ne
se lasseraient jamais d'entendre, ils liraient les grands romans qu'ils n'avaient jamais eu
le temps de lire, ils recevraient leurs amis.
Ces échappées champêtres étaient fréquentes, mais elles atteignaient rarement le stade
10 des vrais projets. Deux ou trois fois, il est vrai, ils s'interrogèrent sur les métiers que la
campagne pouvait leur offrir : il n'y en avait pas. L'idée de devenir instituteurs les effleu-
ra un jour mais ils s'en dégoûtèrent aussitôt, pensant aux classes surchargées, aux jour-
nées harassantes. Ils parlèrent vaguement de se faire libraires-ambulants, ou d'aller
fabriquer des poteries rustiques dans un mas abandonné de Provence. Puis il leur plut
15 d'imaginer qu'ils ne vivraient à Paris que trois jours par semaine, y gagnant de quoi
vivre à l'aise le reste du temps, dans l'Yonne ou dans le Loiret. Mais ces embryons de
départ n'allaient jamais bien loin. Ils n'en envisageaient jamais les possibilités ou, plutôt, les impossibilités réelles.
Ils rêvaient d'abandonner leur travail, de tout lâcher, de partir à l'aventure. Ils rêvaient
20 de repartir à zéro, de tout recommencer sur de nouvelles bases. Ils rêvaient de rupture
et d'adieu.

Georges Perec, *Les choses*, © Julliard, 1965, p 98.

Profession : cinéaste

Principaux objectifs

* Parler de ce qu'on a fait et de ce qu'on souhaite faire.
* Travailler sur les formes et l'emploi du subjonctif.
* Repérer et analyser l'emploi du gérondif.
* Réviser les pronoms relatifs.

1- GROS PLAN SUR LA COMPRÉHENSION

• **Bertrand Tavernier** : critique et cinéaste français (Lyon 1941), a notamment réalisé :

- des longs métrages : *l'Horloger de Saint-Paul*, adapté de Simenon (1974) ; *Que la fête commence* (1975) ; *Le Juge et l'Assassin* (1976) ; *Des enfants gâtés* (1977) ; *La Mort en direct* (1980) ; *Une semaine de vacances* (1980) ; *Coup de torchon* (1981) ; *Un dimanche à la campagne* (1984) ; *Autour de minuit* (1986) ; *La passion Béatrice* (1987) ; *La vie et rien d'autre* (1987) ; *Daddy nostalgie* (1990) ; *L 627* (1992) ; *La fille de d'Artagnan* (1994) ; *L'appât* (1995) ; *Capitaine Conan* (1996) ;

- des documentaires : *Lyon, le regard intérieur*, TV (1990) ; *La Guerre sans nom* (sur la guerre d'Algérie), TV et film (1992) ; *De l'autre côté du périph'*, TV (1998) ;

- un ouvrage sur le cinéma : *Amis américains, entretiens avec les grands auteurs d'Hollywood* (Éditions Actes Sud / Institut Lumière, 1993).

• *L'appât* : film basé sur un fait divers réel. Deux garçons et une fille dévalisent des hommes riches que la fille attire (elle est l'appât), ils tuent l'un des hommes.

• *L 627* : raconte la vie quotidienne d'une brigade des stupéfiants à Paris.

• *Capitaine Conan* : traite des combattants oubliés en Roumanie à la fin de la Première Guerre mondiale.

• **Jean-Pierre Melville** (1913-1973) : cinéaste français qui a réalisé, parmi d'autres films, des policiers remarquables, en particulier : *Deux hommes dans Manhattan* (1959), *Le Doulos* (1963), *Le deuxième souffle* (1966), *Le Samouraï* (1967). Il a également tourné *L'armée des ombres* (1969), un grand film sur la Résistance, d'après le roman de Joseph Kessel.

• **Hexagone** : on emploie souvent ce terme mathématique pour parler de la France métropolitaine – à l'exclusion des départements et territoires d'outre-mer. En effet la France a – plus ou moins – six côtés comme un hexagone. Pour l'Italie, on parle de "la botte".

Introduction

Donnez la liste des films mentionnés par Bertrand Tavernier comme étant ses films préférés.

Séquence 1 - Une carrière de cinéaste

Comment Bertrand Tavernier est-il devenu cinéaste?

Séquence 2 - Un point de vue français : l'Hexagone

Comment Bertrand Tavernier justifie-t-il le fait d'adopter un point de vue français dans ses films ?

Séquence 3 - Ce que Bertrand Tavernier souhaite faire

1. Quelle est la caractéristique du regard qu'il porte sur les choses dans ses films ? Comment présente-t-il ce point de vue ?
2. Qu'est-ce qui caractérise les héros de ses films par rapport à d'autres personnages que l'on trouve dans le cinéma contemporain ? Résumez l'exemple du film *L 627*.

Séquence 4 - La mise en scène

Quel est est le principe directeur de la mise en scène de Bertrand Tavernier en ce qui concerne les personnages ?

Séquence 5 - Un travail d'équipe

1. Comment conçoit-il le travail de metteur en scène en général ?
2. Quelle est sa conception de l'acte de création ?

II - GROS PLAN SUR LE LEXIQUE

A .... **A**utour d'un thème ....

Les films	Les métiers du cinéma	Les plans
un court / long métrage *(full-length) film*	un acteur / une actrice	un gros plan *close up*
un dessin animé *animated cartoon*	un assistant cadreur	un plan américain
un film d'aventures	un chef-opérateur	un plan d'ensemble
un film comique	un décorateur / une décoratrice	un plan général
un film d'épouvante *horror*	un dialoguiste	un plan moyen
un film à grand spectacle	un ingénieur du son *sound engineer*	un plan panoramique
un film de gangsters	un maquilleur / une maquilleuse *make up*	un plan rapproché
un film historique	un metteur en scène *producer/ director*	un plan serré
un film noir	un monteur / une monteuse *frame*	un plan-séquence
un film policier	un producteur / une productrice	un travelling (avant / arrière)
un film de science-fiction	un réalisateur / une réalisatrice *director*	
un western	un(e) scripte	
	un(e) scénariste	

a) Quelle est l'étymologie du mot cinéma ?

b) Cinéma est la forme tronquée de quel autre mot ?

c) Connaissez-vous d'autres mots synonymes de cinéma ? Lesquels ?

d) Comment appelle-t-on un amateur de cinéma ?

B .... **D'un mot à l'autre** ....

Remplacez les mots et expressions en gras, employés par Bertrand Tavernier, par des synonymes ou des expressions équivalentes.

> *En gros, j'ai fait une dizaine de métiers.*
>
> *Quant au financement des films, la plupart du temps le financement des premiers films est extrêmement difficile.*
>
> *Parce qu'ils veulent bien faire leur boulot (...), ils deviennent des empêcheurs de tourner en rond et ils mettent en lumière toutes les contradictions du système.*
>
> *Arriver à ce que la mise en scène (...) soit calquée sur eux (les personnages).*

III - GROS PLAN SUR LA GRAMMAIRE

A .... **Le subjonctif** ....

1 - Repérage

Observez ce que Bertrand Tavernier dit dans les exemples suivants. Les verbes en caractères gras sont au subjonctif.

> *• En effet, quand je m'attaque à un sujet, j'ai envie que ce **soit**... quand je veux que (...) le film **ait** un regard un peu critique, j'aime que cette critique **vienne** non pas de l'extérieur mais de l'intérieur.*
>
> *J'aime bien que les héros **soient intégrés** à un groupe, ne **soient** pas des gens qui **viennent** comme des sauveurs suprêmes rétablir une situation tout seuls. C'est très clair dans L.627 par exemple.*
>
> *J'ai un principe vraiment, c'est d'arriver à ce que la mise en scène **retrouve** le rythme intérieur des personnages, **soit calquée** sur eux.*
>
> *• Il (Michael Powell) disait toujours que c'est intéressant que le héros **ait tort** par moment et que le public ne le **sache** pas toujours ; c'est au public de le sentir mais qu'on ne le **souligne** pas.*
>
> *• Moi, j'ai eu envie de faire des films où le héros ne **soit** pas **vanté** en tant que héros, ne **soit** pas **mis en avant** mais **soit** toujours **intégré** à une collectivité.*

En particulier, soulignez les **déclencheurs** du subjonctif, c'est-à-dire les verbes et expressions qui sont suivis d'un verbe au subjonctif et qui expliquent la présence du subjonctif. Quelle est la caractéristique essentielle de ces déclencheurs ?

2- Vérification

Quelles sont les terminaisons du subjonctif présent ?
Vérifiez que vous connaissez les formes du subjonctif présent en reformulant les phrases suivantes selon le modèle donné :
EXEMPLE : La critique doit venir de l'intérieur. → **Il faut que** la critique **vienne** de l'intérieur.

1. Vous devez aller voir ce film.
2. Je dois finir ce travail pour demain.
3. Vous devez réécrire cette scène.
4. Tourner un film coûte cher : les cinéastes doivent avoir de l'argent.
5. Pour réussir, le réalisateur doit pouvoir susciter l'enthousiasme.
6. Il doit savoir créer l'esprit d'équipe autour de lui.
7. L'auteur doit faire entendre sa voix.
8. Les acteurs doivent lire le scénario ensemble d'abord.
9. Si tu veux arriver à faire un film, tu dois vraiment vouloir le faire.
10. On doit prendre le temps d'écouter les autres.

3- Le subjonctif passé

Notez l'emploi et la forme du subjonctif dans les phrases suivantes, qui résument certains points de l'entretien.
- Bien qu'**il ne soit pas passé** par une école de cinéma, Bertrand Tavernier est devenu un cinéaste très réputé.
- Je crois qu'il regrette que le thème du travail **ait disparu** au profit des états d'âme.
- Selon lui, c'est dommage que les stéréotypes **aient envahi** le cinéma contemporain.

Dans ces exemples, le subjonctif est au passé (forme composée : subjonctif présent d'**avoir** ou **être** + participe passé).

que j'aie / que tu aies / qu'il ait / que nous ayons / que vous ayez / qu'ils aient
que je sois / que tu sois / qu'il soit / que nous soyons/ que vous soyez / qu'ils soient

À vous de décider maintenant si les verbes donnés entre parenthèses doivent être au subjonctif présent ou au subjonctif passé avant de les mettre à la forme requise par le contexte.

1. Je regrette que vous (ne pas être libre) .... demain.
2. Je regrette que vous (ne pas être libre) .... hier soir.
3. Je redoute qu'il (ne) (faire) .... une erreur s'il ne se repose pas.
4. Je ne comprends pas ce résultat : je crains qu'il (ne) (faire) .... une erreur.
5. Je suis déçu qu'elle (ne pas écrire) .... quand elle était à Paris.

6. Je suis déçu qu'elle (ne pas écrire) .... plus souvent.

7. Je crains qu'ils (ne pas voir) .... le film quand il est sorti.

8. J'ai bien peur qu'il (ne) (devoir) .... oublier ses principes.

9. Je me réjouis que Tavernier (pouvoir) .... tourner ce film.

10. J'aimerais qu'il (recevoir) .... un prix au Festival de Cannes.

4- Le subjonctif ou l'indicatif ?

À votre avis, le verbe donné entre parenthèses dans les exemples suivants doit-il être à l'indicatif (présent / futur / conditionnel) ou au subjonctif ? Réécrivez chaque phrase en mettant le verbe entre parenthèses au temps et au mode voulus. Plusieurs réponses sont parfois possibles.

1. Il est évident qu'il (pouvoir) .... présenter son film au Festival.

2. Il m'a promis qu'il m'(envoyer) .... un billet gratuit.

3. J'exige que vous le (faire) ....

4. Il cherche quelqu'un qui (pouvoir) .... jouer ce rôle.

5. Je suis étonné qu'ils (aller voir) .... ce film.

6. Il le fera à condition qu'on lui (dire) .... précisément ce qu'il doit faire.

7. Il est désolé que le réalisateur (ne pas vouloir) .... pas venir.

8. Nous espérons qu'il (obtenir) .... les fonds nécessaires.

9. C'est dommage qu'ils (prendre) .... du retard pendant le tournage.

10. Il se peut que vous (recevoir) .... bientôt une lettre d'invitation.

B .... **E**n + le participe présent (le gérondif) ....

> *Comment est-ce qu'on entre dans le circuit ? Moi ça a été comment dire ? Pas par une école, c'est **en allant** au cinéma, **en voyant** des films, **en essayant** de rencontrer des gens, j'ai rencontré Jean-Pierre Melville et c'est d'abord **en écrivant** sur des films que j'ai connu des cinéastes et que je suis rentré petit à petit dans une équipe pour faire un boulot de stagiaire à la mise en scène, où j'ai été très mauvais, et après c'est par le biais des relations publiques, **en étant attaché de presse**, que petit à petit, je suis rentré... en gros, j'ai fait une dizaine de métiers, j'ai fait beaucoup de métiers avant de devenir cinéaste.*

a) Quel est le sujet non exprimé des gérondifs ?

b) Qu'expriment les gérondifs employés par Bertrand Tavernier ? La simultanéité, la manière ou la cause ?

c) Un vieux proverbe français dit : "C'est en forgeant qu'on devient forgeron".
Sur le même modèle, dites comment on devient :

    professeur / journaliste / médecin / traducteur(trice) / acteur(trice)

d) Faites trois phrases où le gérondif exprime la simultanéité.

C .... **R**évision des pronoms relatifs ....

1- Dont

a) Observez ce que dit Bertrand Tavernier.

> *Tout d'un coup, il va y avoir un acte de création mais **dont** les racines sont souvent ignorées des gens qui vont regarder un tournage.*

Que remplace **dont** ?

b) À vous de relier les phrases suivantes, en partant des amorces indiquées :

- Il nous a parlé de son film. Le film est *Capitaine Conan*.

Le film **dont** ....

- Il est particulièrement satisfait de ces deux films. Ces films ont un regard critique.

Les deux films **dont** ....

- Il a besoin de collaborateurs. Les collaborateurs doivent participer pleinement à la création du film.

Les collaborateurs **dont** ....

2- Auquel / à laquelle / auxquels / auxquelles

L'interviewer demande : *Est-ce qu'il y a un film **auquel** vous êtes attaché ?*
Comment est formé le pronom relatif **auquel** ? Que remplace-t-il ?
Complétez les phrases suivantes :

- C'est une question .... il s'intéresse beaucoup.

- Il espère pouvoir terminer ce projet .... il tient beaucoup.

- Quand il aura terminé, il prendra les vacances .... il aspire depuis longtemps.

- Il doit rencontrer les trois jeunes comédiens .... il pense pour jouer ce rôle.

3- Exercice de synthèse

Complétez les phrases suivantes.

- Le film de Bertrand Tavernier .... on a le plus entendu parler est sans doute *La vie et rien d'autre*.

- La séquence .... vous faites allusion se trouve au début du film.

- Ce .... Bertrand Tavernier a envie, c'est que ses films aient un regard critique sur la société.

- Les héros .... Bertrand Tavernier est attaché sont des personnages intégrés à un groupe.

- Bertrand Tavernier a tourné de nombreux films .... plusieurs ont été primés.

IV - GROS PLAN SUR LES MANIÈRES DE DIRE

1 - La mise en relief

a) Le rythme ternaire

On a déjà vu que Josette Rey-Debove utilise un rythme ternaire pour donner de l'emphase à ses propos. Bertrand Tavernier l'utilise également. Relevez des exemples.

b) Les autres procédés

Dans les passages suivants (Séq. 5), Bertrand Tavernier utilise plusieurs procédés pour mettre ce qu'il dit en relief : relevez-les et décrivez-les.

> *L'une des qualités d'un metteur en scène, c'est de savoir créer l'enthousiasme autour de lui et d'obliger les gens qui sont autour à leur donner ce qu'ils ont de mieux, c'est aussi ça la mise en scène et c'est aussi ça l'expression, oui, l'expression cinématographique, c'est ça.*
>
> *On n'est pas plus créateur parce qu'on a refusé un conseil, ou un avis, ou une idée, hein ? Et on ne l'est pas moins parce qu'on l'a accepté. Mais, ça, ça fait partie des approches tout à fait primaires de la création. Un créateur, c'est quelqu'un qui décide tout de A à Z c'est pas toujours vrai. C'est pas toujours vrai. La création, c'est quelque chose de plus, c'est plus secret que ça.*

2 - Les hésitations

Bertrand Tavernier hésite souvent, il commence à répondre, puis se reprend. Relevez ces moments d'hésitation, parfois suivis de reformulations, dans la séquence 2 et au début de la séquence 3.

V - GROS PLAN SUR LA COMMUNICATION

A .... **C**ommunication orale ....

1 - Tour de table

- Quel est votre film français préféré ? Pourquoi ?
- Quel est votre acteur (actrice) préféré(e) ? Pourquoi ?
- Quel genre de films aimez-vous ? Quel film représentatif de ce genre recommanderiez-vous aux membres de votre groupe ?
- Quel est votre metteur en scène préféré ? Donnez vos raisons.

2 - Travail à deux

Comparez vos points de vue sur les qualités indispensables d'un(e) bon(ne) acteur (actrice) de cinéma. Basez-vous de préférence sur votre connaissance du cinéma français pour illustrer vos propos.

3- Débats

a) À quoi sert-il d'aller au cinéma quand on peut confortablement regarder une cassette vidéo du même film chez soi, ou attendre qu'il passe à la télévision ?

b) Le théâtre procure-t-il des sensations plus fortes que le cinéma ?

4- Jeux de rôle

a) Quelqu'un déteste les films de science-fiction et un autre les adore.

b) Un amateur de cinéma et un amateur de théâtre.

c) Un fan d'un acteur (ou d'une actrice) célèbre et quelqu'un qui le (ou la) déteste.

5- Simulation

Votre groupe est chargé de monter un ciné-club dans votre institution ou d'organiser un festival du film français dans votre ville. Les avis sont partagés quant à la meilleure façon d'opérer et surtout quant à la sélection des films. Les goûts diffèrent, et les réalistes s'inquiètent du coût de l'opération.

6- Sondage

Préparez un questionnaire pour voir quelles sont les habitudes et les préférences des étudiants de votre groupe en matière de cinéma. Ensuite, analysez les réponses que vous obtenez.

B Communication écrite

1- Lettre

a) Vous écrivez une lettre à un(e) ami(e) pour l'inciter à aller voir un film que vous avez particulièrement aimé. Analysez les raisons pour lesquelles vous avez apprécié ce film et essayez de le (la) convaincre d'aller le voir à son tour.

b) Vous écrivez une lettre (où vous vous ferez le plus convaincant possible) à la personne responsable de votre section de français pour suggérer la création d'un club vidéo qui pourrait profiter à la fois aux étudiants et aux professeurs de langue.

2- Rédaction

a) Bertrand Tavernier : *Moi j'ai envie de faire des films où le héros ne soit pas vanté en tant que héros, ne soit pas mis en avant mais soit toujours intégré à une collectivité.* Et vous, quel type de héros ou d'héroïne préférez-vous ? Donnez vos raisons.

b) En vous inspirant librement du texte d'Albert Camus, p.93, décrivez une séance de cinéma.

3- Article

Faites le compte rendu d'un film que vous venez de voir pour le journal de votre club de français.

4- Résumé

Résumez ce que dit Tavernier à propos de son cinéma et du métier de metteur en scène.

5- Journal de bord

VI - GROS PLAN SUR LA LECTURE

Au temps du cinéma muet

1   Les séances de cinéma réservaient d'autres plaisirs à l'enfant... La cérémonie avait lieu aussi le dimanche après-midi et parfois le jeudi. Le cinéma de quartier se trouvait à quelques pas de la maison et il portait le nom d'un poète romantique comme la rue qui le longeait (...).

5   Les films étant muets comportaient en effet de nombreuses projections de textes écrits qui visaient à éclairer l'action. Comme la grand-mère ne savait pas lire, le rôle de Jacques consistait à les lui lire. Malgré son âge la grand-mère n'était nullement sourde. Mais il fallait d'abord dominer le bruit du piano et celui de la salle, dont les réactions étaient généreuses. De plus, malgré l'extrême simplicité de ces textes, beaucoup de mots

10 qu'ils comportaient n'étaient pas familiers à la grand-mère et certains même lui étaient étrangers. Jacques, de son côté, désireux d'une part de ne pas gêner les voisins et soucieux surtout de ne pas annoncer à la salle entière que la grand-mère ne savait pas lire (elle-même, parfois prise de pudeur, lui disait à haute voix, au début de la séance : "tu me liras, j'ai oublié mes lunettes"), Jacques donc ne lisait pas les textes aussi fort qu'il

15 eût pu le faire. Le résultat était que la grand-mère ne comprenait qu'à moitié, exigeait qu'il répète le texte, et qu'il le répète plus fort. Jacques tentait de parler plus fort, des "chut" le jetaient alors dans une vilaine honte, il bafouillait, la grand-mère le grondait et bientôt le texte suivant arrivait, plus obscur encore pour la pauvre vieille qui n'avait pas compris le précédent. La confusion augmentait alors jusqu'à ce que Jacques retrou-

20 ve assez de présence d'esprit pour résumer en deux mots un moment crucial du Signe de Zorro par exemple, avec Douglas Fairbanks père. "Le vilain veut lui enlever la jeune fille", articulait fermement Jacques en profitant d'une pause du piano ou de la salle. Tout s'éclairait, le film continuait et l'enfant respirait. En général, les ennuis s'arrêtaient là. Mais certains films du genre *Les deux orphelines* étaient vraiment trop compliqués,

25 et, coincé entre les exigences de la grand-mère et les remontrances de plus en plus irritées de ses voisins, Jacques finissait par rester coi. Il gardait encore le souvenir d'une de ces séances où la grand-mère, hors d'elle, avait fini par sortir, pendant qu'il la suivait en pleurant, bouleversé à l'idée qu'il avait gâché l'un des rares plaisirs de la malheureuse et le pauvre argent dont il avait fallu le payer.

Albert Camus, *Le premier homme*, © Éditions Gallimard, pp. 90 et 92-93.

L. 627

Film français de Bertrand Tavernier (1992). Scénario : Michel Alexandre et Bertrand Tavernier. Image : Alain Choquart. Musique : Philippe Sarde. Chrétiens-Médias : adultes. Didier Bezace : Lulu. Jean-Paul Cornart : Dodo. Charlotte Kady : Marie. Jean-Roger Milo : Manuel. Nils Tavernier : Vincent. Philippe Torreton : Antoine. Lara Guiaro : Cécile. Cécile Garcia-Fogel : Kathy. Claude Brosset : Adore.

1 **Le genre**. Chronique sociale.

L'histoire. *L. 627* est l'article du code de la Santé publique réprimant les infractions liées à la détention, au trafic et à la consommation de drogue.
Le film décrit la vie quotidienne d'une brigade des stupéfiants à Paris. Planques devant
5 les squats, filatures, descentes dans le métro, interpellations dans la rue, interrogatoires, procédures judiciaires.

Ce que j'en pense. C'est le film d'un homme en colère : contre la misère des moyens dont dispose la police pour faire respecter la loi et contre l'irresponsabilité des socialistes au pouvoir, déconnectés des vrais problèmes de la France d'aujourd'hui. Le scénario,
10 écrit en collaboration avec un policier, enquêteur de seconde classe, adopte un parti pris réaliste, presque documentaire, tandis que la mise en scène, rapide, s'attache à rester dans le regard des flics, évite les effets de style propres aux films policiers et les étonnements du néophyte. Tonique, jamais figée, elle passe de la violence au cocasse, de l'émotion au grinçant, de la farce au tragique. Comme le personnage de Philippe Noiret dans
15 *La vie et rien d'autre*, le héros, à dessein dépeint comme un type banal, usé par la routine et la fatigue, est un rebelle, un homme rigoureux, têtu, encombrant pour l'institution pour laquelle il travaille, car il tient à aller jusqu'au bout de ce qu'il considère comme une mission. À sa rigueur morale correspond celle d'un Tavernier obsédé par les écueils du voyeurisme. Sa façon d'observer les dealers de son fourgon "sous-marin"
20 rejoint la réflexion entamée dans *La mort en direct*. Truffé d'acteurs surprenants, illuminé par des personnages féminins poignants ou toniques, *L. 627* a été soupçonné de racisme parce qu'il montre que les dealers sont blacks ou beurs, voyous exploitant la détresse des autres. Reproches injustes : le film ne méprise personne, assène une vérité. C'est un constat qui dérange. Et un film remarquable.

Nagel Miller, *Télérama*, n° 2508, 4 février 1998, p. 83.

Profession : chercheur et écrivain

Principaux objectifs

* Réfléchir sur le travail créateur, la langue et les émotions de l'écrivain.
* Revoir le plus-que-parfait.
* Analyser les constructions infinitives.
* Étudier les tournures exclamatives.

I - GROS PLAN SUR LA COMPRÉHENSION

• **Azouz Begag** (Lyon 1957): romancier, auteur de : *Le Gone du Chaâba* (1986), *Béni ou le Paradis privé* (1989), *Les chiens aussi* (1995), *Zenzela* (1997).

• *Le Gone du Chaâba* : premier roman d'Azouz Begag, autobiographique. Il raconte la vie d'un enfant doué pour les études, dans un bidonville de la banlieue de Lyon. Un film a été tiré du roman (Christophe Ruggia, 1998).

• **Mehdi Charef** (Maghnia, Algérie, 1952) : romancier et cinéaste. *Le thé au harem d'Archimède* (1985) est une version cinématographique, réalisée par l'auteur lui-même, de son roman *Le thé au harem d'Archi Ahmed* (1983). A aussi écrit *Le harki de Meriem* (1989).

• **BTS** : Brevet de Technicien Supérieur, diplôme qui se prépare en deux années d'études supérieures après le bac.

• **Lyon** : deuxième ville de France, autrefois surtout réputée pour ses textiles (en particulier la soie). Actuellement, elle constitue un pôle scientifique et technique avec Grenoble et Saint-Étienne (v. carte, p. 18).

• **CNRS** : Centre National de la Recherche Scientifique, organisme d'État. Recherches en sciences et en sciences humaines. Pour la médecine, l'organisme de recherche est l'INSERM (Institut National de la Santé et de la Recherche Médicale).

• **Boulevards Saint-Germain et Saint-Michel** : grandes artères de Paris, situées sur la rive gauche (de la Seine, v. carte, p. 17). De nombreux éditeurs ont leurs bureaux près de ces boulevards.

• **Algérien** : la France a connu deux périodes de très forte immigration : les années 20 et 30 (Polonais, Italiens, etc. – en raison des très nombreuses victimes françaises de la Première Guerre mondiale –, puis Espagnols, en raison de la guerre civile) ; ensuite, des années 60 aux années 80 (entre autres : Portugais, ressortissants du Maghreb – Algériens, Marocains, Tunisiens –, et plus récemment Africains de l'Ouest et Turcs) une immigration due à l'expansion économique en France et aux conditions de vie dans les anciennes colonies.

Séquence 1 - Itinéraire : des études au premier roman

1. Regardez la première partie de cette séquence et dites si les affirmations suivantes sont conformes ou non à ce qui est dit.
- Azouz Begag a choisi de passer un baccalauréat littéraire.
- Il a décidé de préparer un brevet de technico-commercial pour suivre ses camarades.
- Il a préparé un doctorat d'électrotechnique en 1986.
- Il a travaillé sur la question des transports à Lyon.

2. Maintenant répondez aux questions suivantes.
- Pourquoi ses parents voulaient-ils qu'il ait une formation technique ?
- Pourquoi s'est-il mis à écrire ?
- Qu'est-ce qu'il a essayé de montrer dans son premier livre ?

Séquence 2 - Écrire pour le plaisir

1. Pourquoi n'aime-t-il pas le mot écrivain ? Comment se définit-il plutôt et pourquoi ?
2. Pour quelles raisons écrit-il ?

Séquence 3 - Les réactions de la critique

Résumez en quelques mots la réaction des critiques aux écrits d'Azouz Begag.

Séquence 4 - La profession de foi

1. Comment Azouz Begag définit-il son identité nationale et sociale ?
2. Comment se définit-il, cette fois en tant qu'écrivain, et pourquoi ?
3. Qu'est-ce qu'écrire pour lui ?
4. Quels sont les pièges du métier d'écrivain selon Azouz Begag ?
5. Résumez les raisons pour lesquelles Azouz Begag ne recommande pas nécessairement aux jeunes d'écrire.
6. Qu'est-ce qui lui procure le plus de plaisir dans le fait d'être écrivain ?

II - GROS PLAN SUR LE LEXIQUE

A  **A**utour d'un thème

L'endroit où l'on habite	
La maison	La ville
un bidonville	une agglomération
une cité	une banlieue
un ou une HLM	la capitale
un immeuble	une commune

L'endroit où l'on habite *(suite)*	
La maison	La ville
une maison (individuelle) un pavillon une résidence une résidence secondaire une tour une villa	une municipalité un quartier une ville-dortoir une ville nouvelle la zone

Quelques phénomènes de société
le chômage les clivages la fracture sociale l'immigration l'intégration l'intégrisme la misère la pauvreté la précarité (les emplois, les logements précaires) le racisme la violence

Le rapport à soi et aux autres	
Les défauts	Les qualités
l'arrogance la duplicité l'égocentrisme l'égoïsme l'égotisme l'hypocrisie l'impertinence le narcissisme le nombrilisme la prétention la vanité	l'altruisme la générosité l'humilité la loyauté la modestie l'ouverture (aux autres) la retenue la simplicité la sincérité la solidarité

B D'un mot à l'autre

1- Le préfixe hyper

Azouz Begag explique que *ça devient hyperdifficile d'avoir des critiques* de son œuvre dans la presse.

a) Donnez d'autres exemples d'adjectifs et de noms construits avec le préfixe **hyper**.

b) Donnez des synonymes d'**hyper**.

2- Les synonymes

Remplacez les mots et les expressions en gras, employés par Azouz Begag, par des expressions synonymes ou équivalentes. Reformulez si nécessaire.

> *Je suis toujours **aux aguets** de ce qui en moi peut devenir un livre.*
> *Écrire, c'est pas **la panacée**.*
> *On est tous **dans la même galère**.*
> *Je n'aime pas **les clivages ethniques**.*

III - GROS PLAN SUR LA GRAMMAIRE

A .... Le plus-que-parfait ....

1 - Repérage

Repérez les plus-que-parfaits dans les propos d'Azouz Begag ; déterminez la raison de leur emploi :

> • *Avec l'électricité, l'électrotechnique (...) et la science économique à l'université, j'avais donc préparé une vie assez technique, très classique et qui correspondait au désir de nos parents de nous voir acquérir des métiers de savoir-faire technique (...).*
>
> • *C'est comme ça qu'en 1986, alors que j'avais été extrêmement impressionné deux ans auparavant par la sortie du livre de Medhi Charef,* Le thé au harem d'Archimède, *que j'ai commencé à avoir l'idée d'écrire ma propre histoire, celle que j'avais vécue dans mon bidonville jusqu'à l'âge de douze ans quelque part autour de Lyon, et c'est ainsi que j'ai commencé, mais d'une manière très libre, très décontractée, à écrire en fait le comment j'avais fait, moi, parmi les deux cents gamins qui habitaient dans mon bidonville, pour réussir entre guillemets dans l'école de France et comment j'avais fait pour m'en sortir.*

2 - Mettez les verbes entre parenthèses aux temps qui vous semblent convenir (plusieurs solutions sont possibles).

Attention à l'accord du participe passé (si nécessaire) et à la position des adverbes.

Avant de se lancer dans l'écriture, elle (1) (être toujours attiré) .... par ce genre d'activité ; elle (2) (lire) .... de nombreux romans et nouvelles mais elle (3) (s'assurer) .... tout de même d'obtenir un emploi de façon à recevoir une rémunération régulière. Pour écrire son premier livre, elle (4) (se retirer) .... dans une maison isolée pendant ses vacances et elle (5) (écrire) .... presque sans discontinuer pendant quelques semaines. Elle (6) (ne pas être complètement satisfait) .... mais elle (7) (concevoir) .... son roman comme un premier essai. Celui-ci en effet lui (8) (permettre) .... de se lancer quelques années plus tard dans des projets plus ambitieux.

B .... L'infinitif ....

1 - Repérage

Repérez tous les verbes à l'infinitif dans ces propos d'Azouz Begag.
Notez la façon dont ils sont construits. S'emploient-ils de la même façon dans votre langue ?

> *Je suis arrivé au collège sans avoir jamais redoublé une classe (...), une fois que j'ai eu le bac, je me suis demandé ce que j'allais faire (...) encore une fois je ne savais pas quoi faire. Alors, je me suis décidé pour entrer à l'université (...).*

J'avais donc préparé une vie assez technique, très classique et qui correspondait au désir de nos parents de nous voir acquérir des métiers de savoir-faire technique pour pouvoir les négocier ensuite, une fois rentrés au pays. Mais, malgré tout, j'avais la très intime sensation que j'avais autre chose à dire dans la vie, autre chose à écrire et c'est cette fibre littéraire qui était en moi, qui demandait à s'exprimer et c'est comme ça qu'en 1986 (...), j'ai commencé à avoir l'idée d'écrire moi-même ma propre histoire (...), c'est ainsi que j'ai commencé à écrire, en fait le comment j'avais fait, moi, parmi les deux cents gamins qui habitaient dans mon bidonville, pour réussir entre guillemets dans l'école de France et comment j'avais fait pour m'en sortir. C'est comme ça que cette idée qui me tracassait l'esprit a commencé à devenir un fil directeur pour écrire Le Gone du Chaâba, *mon premier roman (...).*

Pour moi, écrire, c'est toujours un besoin de rechercher l'amour des autres, parce que j'ai dû en manquer (...). La difficulté, c'est que, alors qu'on a envie d'être aimé par tout le monde, le livre nous enferme (...), m'enferme chaque jour dans le piège de la solitude et dans le piège du narcissisme. Quelle prétention ! Quelle impertinence ! Quelle frime ! Quelle absence de modestie que de vouloir penser que ce qu'on fait peut intéresser les autres ! Et pourquoi vous Monsieur ? Pour qui vous vous prenez ? Le risque que court un écrivain, c'est de se croire important.

Est-ce qu'il faut encourager les jeunes à écrire ? Je ne crois pas. Pour écrire, je crois qu'il faut avoir envie. On n'est pas obligé d'écrire, on a mille autres façons de s'exprimer, mille autres façons de dire des mots d'amour au monde qui nous entoure. On a aussi une façon de s'exprimer qui est de rester silencieux. Écrire, c'est pas la panacée ! On peut pas tous être écrivains (...). C'est un travail d'écrire ! Écrire, c'est toujours plonger en soi-même et trouver la matière la plus expressive qui soit pour ajuster ce qu'on ressent avec des mots (...).

2 - Trouvez un ou plusieurs exemples correspondant à ceux qui sont déjà relevés dans les catégories suivantes.

a) Verbe + infinitif (sans préposition) → EXEMPLE : *ce que j'**allais faire**.*

b) Verbe + à + infinitif → EXEMPLE : *j'**ai commencé à avoir** l'idée d'écrire.*

c) Verbe + de + infinitif → EXEMPLE : *on **n'est pas obligé d'écrire**.*

d) Nom + de + infinitif → EXEMPLE : *avoir **l'idée d'écrire**.*

e) Pour + infinitif présent → EXEMPLE : ***pour entrer** à l'université.*

f) Infinitif = sujet de la phrase → EXEMPLE : ***écrire**, c'est pas la panacée !*

3 - Trouvez également un exemple de chacune des catégories suivantes.

a) Infinitif passé.

b) Forme passive de l'infinitif.

c) Infinitif qui correspond à une proposition subordonnée interrogative indirecte.

◢- C'est de + infinitif

Complétez les phrases suivantes :

- Ce qui me plaît, c'est de ....
- Ce dont j'ai horreur, c'est de ....
- Ce qui me tente, c'est de ....
- Le risque, c'est de ....
- Ce que je regrette, c'est de ne pas ....

◣- à ou de ?

Complétez les phrases suivantes en mettant la préposition qui convient.

EXEMPLE : *Est-ce qu'il faut encourager les jeunes .... écrire ?* → *...les jeunes **à** écrire ?*

1. On lui avait recommandé .... faire des études supérieures.
2. On l'avait autorisé .... faire une thèse.
3. C'est important .... aider les jeunes .... trouver du travail.
4. Ses droits d'auteur ne lui permettraient pas .... vivre.
5. Cela risque .... l'empêcher .... écrire.
6. Vous n'êtes pas obligé .... suivre ses conseils.
7. Le désir d'écrire l'oblige .... se lever tôt.
8. Personne ne lui a demandé .... choisir.

L'exclamation

◲- Repérage

Quelle prétention ! Quelle impertinence ! Quelle frime ! Quelle absence de modestie que de vouloir penser que ce qu'on fait peut intéresser les autres !

Notez la structure grammaticale qui permet ici à Azouz Begag de faire son autocritique de façon ironique → **quel(le)(s) + nom**.

Il aurait pu dire : Que de prétention ! Que d'impertinence !
     Comme c'est prétentieux ! Comme c'est impertinent !
     Que c'est prétentieux ! Que c'est impertinent !

ou encore, dans un registre plus familier :
     Qu'est-ce que c'est prétentieux ! Qu'est-ce que c'est impertinent !

Les tournures exclamatives peuvent avoir une fonction admirative, critique, ironique.

◳- Reformulez les expressions en gras en utilisant des tournures exclamatives :

*Alors, après, depuis cinq-six ans, **ça devient hyperdifficile** d'avoir des critiques, parce que **les journalistes reçoivent tellement de livres**, et ils ont tellement pas de temps pour vous faire des papiers sur vos livres, et en plus **ils sont tellement occupés** à faire des papiers globalement (...) qu'ils n'ont pas le temps de s'occuper des petits.*

3 - Exprimez à la forme exclamative les affirmations suivantes (en utilisant au moins deux formes différentes) :
- Elle travaille énormément.
- C'est une musique très agréable.
- Il y avait beaucoup de monde.
- C'est vraiment bruyant.

IV - GROS PLAN SUR LES MANIÈRES DE DIRE

1 - Les procédés littéraires

À quoi pourrait-on voir, dans la façon dont Azouz Begag s'exprime, et si on ne le savait pas, qu'il est écrivain ? Relevez des exemples des procédés littéraires suivants dans la séquence 4 :
- la mise en relief,
- les exclamations,
- l'utilisation du rythme ternaire,
- l'emploi de métaphores.

2 - L'humour

Azouz Begag déclare : *Je me définis comme ça : il y a des* **couche-tard** *moi je suis un* **écrit-tôt**. Le mot **écrit-tôt** repose sur un double jeu de mots : retrouvez les deux mots qui se cachent derrière **écrit-tôt**.

3 - L'ironie

Relevez les exemples de mise à distance ironique qu'Azouz Begag utilise en parlant de la critique dans la séquence 3.

V - GROS PLAN SUR LA COMMUNICATION

A .... Communication orale ....

1 - Tour de table

a) Reconstituez l'itinéraire d'Azouz Begag et dites ce qui vous a frappé(e) dans sa profession de foi.

b) Quel écrivain célèbre, contemporain ou vivant à une autre époque, auriez-vous aimé être ?

2 - Travail à deux

Azouz Begag affirme : *Pour écrire, je crois qu'il faut avoir envie. On n'est pas obligé d'écrire, on a mille autres façons de s'exprimer.* Êtes-vous tenté(e) par le métier d'écrivain ? Quel est votre mode d'expression préféré ? Pourquoi ?

3 - Débats

a) Êtes-vous d'accord avec l'opinion d'Azouz Begag selon laquelle le milieu social a une plus grande influence sur l'individu que la nationalité ? Appuyez-vous sur des exemples précis si possible pour défendre votre point de vue.

b) Les clivages (sociaux, ethniques, politiques, etc.) sont-ils inévitables ?

c) Les écrivains doivent-ils refléter la réalité ou favoriser l'évasion et le rêve ?

d) Le métier d'écrivain : un métier d'avenir au XXIe siècle ?

4 - Jeux de rôle

a) Quelqu'un préfère les écrivains politiquement "engagés" et un autre les déteste.

b) Quelqu'un décide de renoncer à un travail rémunéré pour embrasser la carrière d'écrivain, et son père – ou sa mère ou un conjoint ou un(e) ami(e) – se montre vivement inquiet(ète) quant aux conséquences de ce choix.

c) Deux personnes défendent leur art préféré (exemple : peinture, sculpture, musique, etc.).

5 - Simulation

Vous faites partie d'un comité chargé d'inviter un écrivain à donner une conférence. Chacun doit proposer un nom, justifier son choix, présenter ses objections à d'autres candidatures et répondre aux objections des autres.

6 - Sondage

Vous faites une enquête pour découvrir les goûts littéraires et/ou artistiques de votre groupe. Préparez un questionnaire précis, posez les questions, analysez les réponses et présentez vos conclusions.

B .... Communication écrite ....

1 - Lettre

Vous écrivez une lettre qui commencerait ainsi : "Cher Azouz....".

2 - Rédaction

a) Le roman que **vous** aimeriez écrire ou avoir écrit... Donnez des détails.

b) Écrivez une histoire commençant par l'expression "Cette année-là..." et dans laquelle le plus-que-parfait sera le temps principal.

c) Quelle est selon vous la fonction de l'artiste dans la société de nos jours ?

3- Article

a) Présentez un livre dont la lecture vous a particulièrement touché(e) parce qu'il correspondait à votre vécu, à vos "émotions et sentiments". Ne résumez pas le livre mais insistez sur vos réactions personnelles.

b) Présentez une œuvre où le thème de la pauvreté joue un rôle important, ou un auteur qui traite de ce thème.

4- Résumé

Faites le résumé de l'itinéraire d'Azouz Begag.

5- Journal de bord

VI - GROS PLAN SUR LA LECTURE

Le vélo rouge

1   En devenant bon musulman, j'ai perdu un bout de moi-même, mais j'ai gagné un vélo rouge. Mon père a longtemps résisté à cause d'une peur viscérale que lui inspiraient ces engins et de la proximité du boulevard de ceinture. Pour aller au travail, il emprunte cette voie de circulation avec sa mobylette et il connaît les dangers qu'elle représente.

5   – Il est à moi cet argent ! dis-je en lui désignant les billets récupérés lors de la circoncision. Tu m'avais dit que je pourrais acheter ce que je veux avec. Alors, je veux m'acheter un vélo !

– Rembourse-moi alors tout l'argent que j'ai dépensé pour ta fête et je te donnerai celui que les invités t'ont donné !

10   C'est ainsi que mon père m'a fait perdre espoir de rouler un jour en vélo.

Pourtant, quelque temps plus tard, en rentrant du travail, il avait un vélo rouge accroché au garde-boue arrière de sa mobylette. Je l'ai embrassé pendant un quart d'heure, lui ai promis que je ne l'utiliserais jamais plus loin que le remblai, que je n'irais jamais du côté du boulevard, que je travaillerais encore plus fort à l'école pour lui faire plaisir.

15   À ce dernier argument, il avait réagi :

– Ah ! ça non, mon fils. Si tu travailles à l'école, c'est pour toi et pas pour moi. C'est ta vie que tu prépares, c'est pas la mienne.

J'ai malgré tout pris le vélo rouge et effectué un tour d'essai sous son œil anxieux.

– Regarde ! Tu vois bien que je sais en faire.

20   – Oui, oui, je vois. Mais rentre-le maintenant, tu vas l'abîmer.

– Non, pas encore, Abboué[1], pas encore. Regarde, je suis là, je vais pas loin.

– Rentre-le, j'ai dit. Commence pas...

Je me suis exécuté, plutôt lentement, pour marquer mon exaspération. Le père commençait déjà à m'énerver.

25   Les semaines ont passé sans que je puisse utiliser à mon aise le vélo. Ma mère a subi des

pressions pour m'interdire de le sortir pendant l'absence du chef de maison. C'est pour cela qu'à la première occasion, lorsque Rabah a proposé d'aller chercher de la luzerne pour ses lapins, à Vaulx-en-Velin, j'ai attendu qu'elle soit sortie vers l'bomba[2] pour subtiliser mon vélo.

30 Nous étions six à rouler sur le boulevard, sur la route nationale, jouant à faire la course. Nous n'avons pas compté les kilomètres, ni le temps, enivrés par la vitesse, le bitume, les grosses voitures qui nous doublaient, le paysage qui défilait. Plus rien d'autre ne comptait, même pas Bouzid[3]. Sur le retour, nous sommes passés par Villeurbanne pour voir la vogue[4]. Ensuite les putes[5]. Une journée bien remplie.

35 La nuit était tombée lorsque nous sommes rentrés au Chaâba[6]. Dans la pénombre, Bouzid nous attendait, les mains croisées derrière le dos. On ne pouvait pas lire les traits de son visage. À quelques pas, des hommes et des femmes attendaient aussi. J'ai reconnu ma mère. Elle paraissait terrorisée.

Mes jambes m'ont abandonné et, lorque mon père s'est approché de moi, j'ai porté les
40 deux mains sur ma tête pour me protéger des coups, mais rien n'est venu. Seulement un ordre :

– Donne-moi ton filou[7] !

Sans chercher à comprendre, trop heureux de m'en tirer à si bon compte, je suis descendu de mon engin et le lui ai tendu fébrilement. Je restais malgré tout sur mes gardes.
45 Il s'est dirigé alors vers les autres :

– Descends, toi aussi. Toi aussi.

Puis à Rabah ;

– Et toi ! Allez, comme les autres, descends ou je te fais descendre !

Le gone[8] a dû insister sur son rictus habituel, celui par lequel il manifeste son orgueil,
50 il n'a pas eu le temps d'esquiver la terrible poignée de main que mon père lui a envoyée sur la joue. Son rictus a disparu. Sa mère et son père sont restés muets.

Bouzid s'est alors emparé de tous les vélos, les a entassés au milieu de la cour du Chaâba sous nos regards incrédules, a saisi une masse qu'il avait préparée, l'a soulevée au-dessus de sa tête dans un mouvement sûr et tranquille, et l'a laissée retomber plusieurs
55 fois... jusqu'à ce que, de nos filous aux couleurs vives, il ne reste plus qu'un souvenir.

Mon vélo étant en dessous du tas, j'espérais qu'il en resterait quelque chose. En constatant le désastre, j'ai serré les dents pour ne pas cracher mon mépris. J'avais cédé mon bout de chair pour rien.

Azouz Begag, *Le Gone du Chaâba*, © Éditions du Seuil,
coll. "Point-virgule", 1986, pp. 113-117.

1. Abboué : papa / 2. l'bomba : la pompe à eau / 3. Bouzid : prénom du père / 4. vogue : fête foraine à Lyon et dans le Sud-Est / 5. pute : prostituée / 6. Chaâba : bidonville / 7. filou : vélo (prononciation du père) / 8. gone : enfant (dialecte de Lyon).

La musique

Principaux objectifs

- Découvrir la fête de la musique à travers quelques spectateurs et musiciens.

- Réfléchir sur les formes interrogatives.

- Réviser la comparaison.

- Faire le point sur les temps et les déterminants.

I - GROS PLAN SUR LA COMPRÉHENSION

- **Raï** : musique communautaire (de la communauté maghrébine vivant en France), ouverte aux influences internationales : flamenco, rhythm'n'blues, etc.

- **Serge Gainsbourg (†), Jacques Dutronc, Charles Aznavour** : chanteurs populaires français. Leurs styles sont contrastés, mais ils attachent tous trois beaucoup d'attention au texte.

- **Bastille et République** : deux très grandes places situées à l'Est de Paris, sur la rive droite (de la Seine). Elles sont le lieu de grandes célébrations (bals du 14 juillet, fête de la musique, etc.), et le lieu de départ ou le lieu d'arrivée de nombreuses manifestations (ainsi que la place de la Nation) (v. carte, p. 17).

- **Griots** : Africains qui sont à la fois poètes, musiciens et sorciers.

Séquence 1 - La fête de la musique

1. Où se passe la fête de la musique ?
2. Trouvez les raisons d'aimer la fête de la musique, données par les participants.
3. Cochez les noms des musiciens ou des groupes qui sont mentionnés dans la séquence.

Renaud	☐	Brassens	☐	Aznavour	☐
Cabrel	☐	IAM	☐	Gainsbourg	☐
Patricia Kaas	☐	Dutronc	☐	MC Solaar	☐

4. La vielle et la cabrette sont des instruments associés à quel type de musique ?
5. Résumez la position de l'institutrice d'école maternelle en ce qui concerne l'enseignement de la musique à l'école.

Séquence 2 - Le rap en France

1. Comment Mathieu explique-t-il le succès du chanteur de rap MC Solaar ?

2. En quoi le rap se distingue-t-il d'autres mouvements musicaux et par quoi a-t-il été influencé ?

3. Qu'est-ce que Mathieu entend par "samples" ? Donnez des exemples de la façon dont le rap intègre d'autres éléments.

4. Qu'est-ce que les chanteurs de rap arrivent à prouver à propos de la langue française?

II - GROS PLAN SUR LE LEXIQUE

A .... **A**utour d'un thème ....

Les types de musique		
La musique légère	La musique classique	Autres styles
la musique d'ambiance la musique de danse / de film la musique folklorique la musique pop	la musique baroque la musique de chambre la musique polyphonique la musique sacrée l'opéra	le funk le jazz le raï le rap le rock

Les instruments			
à clavier	à cordes	à vent	à percussion
l'accordéon le clavecin l'orgue le piano	l'alto la contrebasse la guitare la harpe le violon le violoncelle	la clarinette le cor anglais la cornemuse la flûte à bec la flûte traversière l'harmonica le saxophone le trombone la trompette	la batterie les cymbales la grosse caisse le tambour

Le solfège	
un arpège un dièse une croche une note	un bémol une clef de sol une gamme une partition

a) Quels sont les noms des notes de musique en français ?

Do, ... ?

b) Comment appelle-t-on quelqu'un qui joue :

du violon /du piano / de la batterie / de la contrebasse ?

c) Comment appelle-t-on :

- quelqu'un qui aime la musique ?
- quelqu'un qui chante dans une chorale ?
- quelqu'un qui dirige un orchestre ?

d) Quel est le contraire de **chanter faux** ?

e) Que signifient les termes ou expressions suivantes ?

déchiffrer une partition / répéter un morceau / pianoter /
exécuter une œuvre / improviser/ battre la mesure

f) Les expressions suivantes ont également un sens figuré : que veulent-elles dire ?

- connaître la musique (ou la chanson) ;
- changer de disque ;
- être réglé comme du papier à musique ;
- faire chanter quelqu'un.

B...................................... D'un mot à l'autre ....

❶- Les dérivés

Donnez au moins cinq mots dérivés du mot **musique**.

❷- Le préfixe poly

La musique polyphonique est mentionnée dans la séquence : que signifie le préfixe **poly** ?
D'autres adjectifs sont formés à partir du même préfixe.

polysémique / polymorphe / polyvalent / polygame

Quel est leur sens ?

❸- Le mot truc

a) À la fin de la séquence 1, que désigne le mot **truc** que l'institutrice de maternelle emploie cinq fois ?

b) Donnez au moins deux autres termes ayant une fonction semblable, celle de désigner une chose ou une personne dont le nom ne vient pas immédiatement à l'esprit ou que l'on ne veut pas nommer :

- dans le cas d'un objet,
- dans le cas d'une personne.

III - GROS PLAN SUR LA GRAMMAIRE

A — L'interrogation

1 - Analysez la forme de ces questions. Que remarquez-vous ? Reformulez-les tout en restant dans le domaine de la langue parlée.

1. *Vous y allez ?*
2. *Qu'est-ce que vous allez voir ?*
3. *Vous aimez bien le rap ? Et qui ?*
4. *Et vous allez où ?*
5. *Et qu'est-ce que vous faites dans la vie ?*
6. *(C'est génial) Pourquoi ?*
7. *Vous jouez vous-même de la musique ?*
8. *Qu'est-ce que vous pensez de l'enseignement de la musique à l'école ?*

2 - Observez les questions écrites dans le contexte des exercices, et en particulier dans la partie V. En quoi la formulation des questions diverge-t-elle ?

3 - Maintenant à vous de poser le plus de questions possibles à partir de la phrase suivante :

Pierre va aller écouter du rap à la Courneuve avec des copains le 21 juin.

Classez-les en tenant compte du type de locuteur et de contexte. Si les questions sont posées dans le contexte d'une enquête ou pour un exercice de compréhension, elles seront plus formelles que si elles sont posées dans un contexte familier : parents/enfants, entre copains.

B — La comparaison

1 - Soulignez les structures qui permettent d'établir des comparaisons dans ce que dit Mathieu (Séq. 2), et notez en particulier les catégories de mots qu'elles modifient.

> *Les gens pouvaient le comprendre plus facilement que les discours revendicatifs de banlieue.*
> *Ça peut intégrer aussi bien de la musique classique que du soul.*
> *Tout le monde disait que la langue française, c'était pas possible de jouer avec, de la faire rouler (...) aussi bien que l'anglais.*

2 - Connaissez-vous d'autres termes exprimant la comparaison ? Lesquels ? Faites des phrases.

3 - **Plus de** et/ou **plus que** ?
1. Plus .... cent mille personnes ont participé à la fête de la musique.

2. Elle aimait la musique folklorique plus .... la musique pop.

3. Il n'avait jamais apprécié le rap, et ce soir il le détestait plus .... jamais.

4. Il y a plus .... animation dans les rues .... l'année dernière.

5. Ce qui se passe dans la rue est souvent plus intéressant .... les concerts officiels.

6. Il joue du violon depuis bien plus .... temps .... son copain.

7. Son copain a donné plus .... concerts .... lui.

8. Il y a plus .... sept mille chorales en France.

C .... **F**aire + infinitif ....

Mathieu : *c'était pas possible de jouer avec, de la faire rouler* (faire rouler la langue française) – v. aussi pp. 112-113 le texte : "L'imprésario et la chanteuse". La construction faire + infinitif est très courante en français. Voici d'autres exemples à traduire dans votre langue de manière à noter les similarités ou au contraire les différences de construction.

- Les instituteurs font chanter les enfants.
- Ils font chanter des chansons folkloriques aux enfants.
- Les musiciens ont fait danser les gens dans la rue.
- MC Solaar fait rimer des mots français et anglais.
- Le rap fait bouger les jeunes des banlieues.

IV - GROS PLAN SUR LES MANIÈRES DE DIRE

1 - Exprimer la notion de plaisir

Notez les diverses façons dont les spectateurs et les participants expriment le plaisir qu'ils éprouvent lors de la fête de la musique (Séq. 1).

2 - Développer une idée

Différentes manières d'expliquer, de développer une idée, ont déjà été répertoriées (v. Unité 6, IV, 1). Mathieu en utilise de nouvelles (Séq. 2), relevez-les.

3 - Donner un point de vue

Le batteur du groupe Higgins et l'institutrice (Séq. 1) donnent tous les deux leur point de vue personnel : relevez les expressions qu'ils emploient.

V - GROS PLAN SUR LA COMMUNICATION

A .... Communication orale ....

❶- Tour de table

Quel genre de musique préférez-vous ? Jouez-vous ou auriez-vous aimé jouer d'un instrument ? Lequel ? Aimez-vous chanter ? Avez-vous assisté à des concerts ou à des festivals de musique ? Quelle place la musique tient-elle dans votre vie ?

❷- Travail à deux

a) À deux, approfondissez vos réponses données précédemment (Tour de table). Que recherchez-vous quand vous écoutez de la musique ? Retracez l'évolution de vos goûts. Dans quelle mesure partagez-vous les mêmes goûts et intérêts ? En cas de divergences, essayez de convaincre l'autre qu'il/elle devrait apprécier ce qui pour vous est une grande source de plaisir.

b) À deux, faites le point de ce que vous savez sur la musique française (aujourd'hui et autrefois).

c) L'enseignement de la musique à l'école primaire et au collège-lycée : quels souvenirs en gardez-vous ?

❸- Débats

a) Êtes-vous pour ou contre la musique dans les supermarchés, les restaurants et les lieux publics en général ?

b) L'opéra est-il une forme d'art élitiste ?

❹- Jeux de rôle

a) Interview d'un chanteur / d'une chanteuse.

b) Un jeune veut abandonner ses études pour faire de la musique et jouer dans un groupe, etc., et une autre personne essaie de l'en dissuader.

c) Un fan de musique rap et un amateur de musique classique.

❺- Simulation

Le Conseil municipal doit décider du soutien (financier, administratif, etc.) à accorder aux organisateurs d'un festival de musique dans leur ville. Des conseillers municipaux, des organisateurs du festival et des membres du public se réunissent pour débattre le programme officiel, les aides à accorder aux orchestres et groupes locaux, la publicité, etc. Certains pensent que le Conseil municipal devrait avoir d'autres priorités, d'autres sont convaincus qu'un tel festival sera une excellente chose pour l'image de la ville et pour les habitants, d'autres encore préféreraient une formule du style de la fête de la musique en France, qui met l'accent sur la spontanéité.

6- Sondage

Préparez un questionnaire qui vous permettra d'établir les pratiques et les goûts musicaux de votre groupe.

B .... **C**ommunication écrite ....

1- Lettre

a) Vous écrivez une lettre à un(e) ami(e) pour lui raconter comment s'est passé un concert auquel vous avez assisté récemment. N'oubliez pas de mentionner l'ambiance, le contenu du spectacle et la façon dont vous avez vécu l'expérience.

b) La municipalité de la ville où vous habitez a décidé de supprimer les aides à la fête de la musique. Écrivez au maire pour lui faire part de votre désaccord.

2- Rédaction

a) La musique adoucit les mœurs. Qu'en pensez-vous ?

b) En vous inspirant librement du texte "Harmonie chorale" (p. 112), décrivez un concert.

3- Article

a) Rédigez un texte publicitaire pour la revue de votre institution dans lequel vous vantez les mérites de votre groupe de musique préféré et vous incitez vos lecteurs à assister à un de leurs concerts.

b) Vous écrivez un article sur la fête de la musique basé sur la séquence vidéo.

4- Résumé

Résumez en quelques lignes ce que dit Mathieu sur le rap.

5- Journal de bord

VI - GROS PLAN SUR LA LECTURE

Harmonie chorale

1 Il est des œuvres qui vous séduisent dès la première phrase. Celle-ci n'eut besoin que d'une note pour s'imposer. Thomas leva les deux bras et le chœur, tel un monstre soumis, répondit par un accord tenu qui se prolongea au-delà du convenable, une rumeur à peine perceptible qui durait encore malgré la parfaite immobilité des choristes – mais
5 quand respiraient-ils ? – et la fameuse main droite du chef qui battait la mesure. Le public, suspendu à ces harmonies qui n'en finissaient pas de se perdre, se demandait s'il n'était pas victime d'une hallucination. Le son se rapprocha, il changea de texture puis disparut sous les caresses de Thomas pour resurgir enfin, expression d'un immense regret. On était loin du magma informe des répétitions.
10 Jamais musique n'avait donné meilleure définition d'elle-même : à la fois fugitive et irréversible, unique, inépuisable, émanation de ce souffle primitif qui, selon les Anciens, avait fait basculer l'univers du néant à la lumière. Certains auditeurs incrédules laissèrent échapper quelques gloussements. Il n'y eut personne pour les suivre, la dérision ne prenait pas, elle glissait sur cette onde comme le bruit du vent, l'heure de
15 la sieste, quand il fait chaud et qu'on n'a pas le courage de se lever.
Thomas se sentait revivre. Il plaçait au-dessus de tout ces rares moments de communion où les quatre-vingts choristes qui chantaient devant lui se confondaient en une masse mouvante et solidaire, attentive au moindre de ses gestes. Son bonheur était contagieux. Ses doigts souples sculptaient les voix. À mesure que la musique avançait,
20 les timbres se faisaient plus riches, plus ouverts. Thomas approcha les paumes de son visage. Il respirait avec son chœur, la femme qu'il aimait chantait pour lui, et les drames qui avaient assombri ces dernières semaines de répétitions donnaient à cet état de grâce une dimension pathétique.

Marie Nimier, *Anatomie d'un chœur*, © Éditions Gallimard, 1990, pp. 19-20.

L'imprésario et la chanteuse

1 Il travaillait depuis longtemps pour la même maison de disques et, comme son rôle consistait à "découvrir" – selon son expression – "de nouveaux et exceptionnels talents", il lui avait promis de lui faire enregistrer un disque. Mais il paraissait s'ennuyer dans son bureau. Chaque fois qu'elle lui rendait visite, il lui disait du même ton impatient :
5 – Et si nous descendions, Odile ?
Il décrochait le téléphone qui ne sonnait jamais, et, dans le couloir, donnait un tour de clef à la porte de son bureau. Lui prenant le bras, il la guidait jusqu'à l'ascenseur. Ils remontaient la rue de Berri vers les Champs-Élysées, lui toujours silencieux, elle n'osant

pas le distraire de sa rêverie. Puis, d'une voix très douce, il lui expliquait que le temps
10 était venu de lui faire enregistrer une bande qu'on présenterait à la maison de disques.
Il fallait trouver quelques bonnes chansons et il s'adresserait à des auteurs-compositeurs
de ses relations. Des choses "classiques" à contre-courant de ce que "les jeunes" chantaient maintenant. Il se taisait de nouveau, et tandis qu'ils suivaient la rue en sens inver-
se, elle avait l'impression qu'il se désintéressait d'elle brusquement et qu'il oubliait
15 même sa présence. Elle lui posait une question timide au sujet du disque, mais il ne lui
répondait pas. Il fixait un point devant lui.
– C'est un métier difficile... très difficile....

Patrick Modiano, *Une jeunesse*, © Éditions Gallimard, 1981, pp 32-33.

Leçons de piano

1 C'est vers l'âge de sept ans qu'il a fallu m'apprendre à jouer du piano. La musique, cette
forme de musique, classique, pianistique, a toujours été pour moi le symbole de raffinement intellectuel et pas seulement pour moi. Ce raffinement était une chose indispensable, sacrée, une tradition que je devais hériter de toutes mes forces. J'avais des
5 mains de pianiste, c'est entendu, mais je n'avais que cela et je n'ai jamais rien eu d'autre.
Des mains de pianiste, des poignets de pianiste, et rien d'autre. Ni l'oreille, ni le swing,
juste les mains. Et c'est vraiment en désespoir de cause que je me suis acheté il y a trois
ans ce piano noir sur lequel, finalement, j'ai presque totalement renoncé à jouer.
C'est ma grand-mère qui me faisait répéter mes exercices de piano, m'emmenait à mes
10 leçons de piano chez cette grosse bonne femme qui me faisait seulement taper dans les
mains et danser afin d'acquérir le sens du rythme mais elle ne me faisait jouer que très
rarement. Je n'ai pas le souvenir d'avoir touché seulement une fois le piano de mon professeur de piano, seulement d'avoir piétiné autour en faisant des "hou hou" comme des
Indiens autour du totem. Mais le piano était une chose hyper-importante dans notre
15 famille, et entre mon père et ma mère, au moment de leur divorce, ça avait pris une
place tragique.

Christophe Donner, *L'esprit de vengeance*, © Éditions Grasset, 1992, pp. 231-232.

La télévision et la radio

Principaux objectifs

- Découvrir une chaîne de télévision à vocation européenne.
- Comprendre la forme passive.
- Réviser le subjonctif.

I-GROS PLAN SUR LA COMPRÉHENSION

- **Arte** : chaîne de télévision franco-allemande créée en 1992. En France, Arte a succédé à "la Sept" (1986-1992) chaîne culturelle, et Arte a en partie repris cette tradition.
- **Skyrock** : station de radio de la bande FM (modulation de fréquence) s'adressant à un public jeune.
- **France Inter** : radio nationale généraliste de service public, à la fois sur grandes ondes et sur la bande FM. Il y a deux autre radios généralistes nationales, privées : RTL (Radio Télévision Luxembourgeoise) et Europe 1.
- **France Musique** : radio musicale de service public, on y joue exclusivement de la musique "sérieuse" (classique, moderne, voire du jazz, mais pas de musique populaire).
- **RFI** (Radio France Internationale) : radio de service public que l'on peut capter dans le monde entier (en FM).
- **Cosby Show, Roseanne** : certaines chaînes de télévision françaises montrent beaucoup d'émissions américaines en version française.
- **Un psy** : abréviation de psychiatre, psychanalyste, psychothérapeute, qui signifie qu'on parle de quelqu'un qui s'occupe d'une façon ou d'une autre de problèmes psychologiques.

A .... Ce qu'ils regardent

1. Qui regarde quoi ? Cochez les cases qui conviennent.

	Informations Journal télévisé	Reportages Documentaires	Films	Comédies	Émissions culturelles
Karine					
Anaïck					
Maud					
Paolo					
Hervé					

2. Est-ce que les étudiants regardent souvent la télévision dans l'ensemble ?
   Est-ce qu'ils la regardent pour se divertir ou pour s'instruire ?
   Quelles sont les émissions les plus regardées ?
3. Que regrettent Paolo et Hervé ?
4. Quel est le point de vue de Sandra sur la chaîne Arte ? En quoi diffère-t-il de ce que beaucoup de gens pensent ?

B .... Arte ....

Séquence 1 - Une chaîne européenne

Résumez les grands points de la présentation d'Olivier-René Veillon :
1. Quelles sont l'origine et la raison d'être de la chaîne Arte ?
2. Comment s'effectue son financement ?
3. Quelle est sa politique linguistique ?

Séquence 2 - La programmation

Dites quelle est l'originalité de la programmation.

Séquence 3 - L'image d'Arte

Décrivez les problèmes liés à la chaîne et les tentatives de solutions.

C .... Ce qu'ils écoutent ....

1. Faites l'inventaire de toutes les raisons pour lesquelles on écoute la radio selon les étudiants interviewés.
2. Décrivez brièvement l'émission de radio préférée d'Anaïck.
3. Quelles sont les préférences d'Hervé et d'Emmanuel en matière de radio ?

II - GROS PLAN SUR LE LEXIQUE

A .... Autour d'un thème ....

La télévision	
un débat	un jeu (télévisé)
un documentaire	le journal (télévisé)
une dramatique	la lucarne
un divertissement	un magazine
une émission de variétés	la météo
une émission jeunesse	le petit écran
une émission religieuse	un reportage
une émission sportive	une série
un feuilleton	un téléfilm
un flash d'information	

a) L'étymologie du mot télévision
- Que signifie à l'origine le préfixe **télé** dans le mot télévision ?
- Donnez d'autres mots où ce préfixe a le même sens.
- Donnez des mots où le préfixe **télé** a le sens de télévision.
- Donnez deux mots dérivés de télévision.

b) Quelle différence y a-t-il entre :
- le petit écran et le grand écran ?
- une série et un feuilleton ?
- une émission en direct et une émission en différé ?
- une première et une rediffusion ?

La radio

a) Comment appelle-t-on un poste de radio :
- dans une voiture ?
- qui permet aussi d'écouter des cassettes ?
- qui sonne et donne l'heure ?

b) Qu'est-ce qu'un baladeur ?

c) Hervé mentionne les **grandes ondes**, *comme France Inter.* Quels sont les autres types d'**ondes** dans le contexte de la radio ?
Quelle est l'expression idiomatique construite sur le mot **onde** qui signifie **bien s'entendre avec quelqu'un, avoir des points de vue semblables** ?

B .... **D**'un mot à l'autre ....

Les synonymes

Exprimez autrement les expressions en gras (tirées des propos d'Olivier-René Veillon).

> *La France et l'Allemagne ont souhaité **doter l'Europe** de références communes (...) en créant une chaîne qui soit financée **à parité** par la France et l'Allemagne.*
>
> *La pluralité des langues doit être **un atout** dans la conception des œuvres.*
>
> *L'originalité d'Arte est liée à la nature de ses programmes, **dans la mesure où** sa grille est établie (...) **en fonction des** contenus.*
>
> *Il faut que **les a priori tombent**, donc nous devons communiquer sur un certain nombre de thèmes **qui visent à lever les inhibitions** d'une certaine partie du public.*

III - GROS PLAN SUR LA GRAMMAIRE

A La voix passive

1 - Observez les nombreux exemples de forme passive dans les propos d'Olivier-René Veillon.

> *[créer] une chaîne qui **soit financée** à parité **par** la France et **par** l'Allemagne.*
>
> *La pluralité des langues doit être un atout dans la conception, dans la production des œuvres qui **sont diffusées** sur Arte, doit **être vécue** comme un élément enrichissant de l'offre de programmes d'Arte.*
>
> *L'originalité d'Arte est liée à la nature de ses programmes, dans la mesure où sa grille **est établie**... non pas en fonction d'impératifs d'efficacité publicitaire (...), mais en fonction des contenus qui **sont proposés**.*
>
> *L'image d'Arte **est faite** à la fois par ceux qui regardent la chaîne et par ceux qui ne la regardent pas...*
>
> *La campagne **a été perçue** par un Français sur deux...*
>
> *Quarante-cinq pour cent très exactement ont retenu le message qui **était diffusé par** la campagne.*

Reformulez chaque phrase de manière à éviter la forme passive :
EXEMPLE : *une chaîne qui **soit financée** à parité **par** la France et **par** l'Allemagne.*
→ Arte est une chaîne que la France et l'Allemagne **financent** à part égale.

2 - On trouve également dans les propos d'Olivier-René Veillon des formes pronominales qui ont un sens proche des constructions à la forme passive. Reformulez les exemples donnés ci-dessous en utilisant la forme passive.
EXEMPLE : *Arte est une chaîne qui **se conçoit** comme une chaîne multilingue.*
→ Arte est une chaîne qui **est conçue** comme une chaîne multilingue.

> *La question **s'est posée** de trouver une formule de programmation qui soit à la mesure de l'originalité des contenus.*
>
> *Des règles de programmation très différentes de celles qui **s'appliquent** ailleurs.*

3 - Observez ce que dit Olivier-René Veillon : *Il **a été demandé** à Arte de mettre en œuvre une politique originale en matière de programmation.*
Au lieu de : *Il a été demandé à Arte*, on pourrait dire : "On a demandé à Arte de mettre en œuvre..."
Pourquoi serait-il **incorrect de dire** : *Arte a été demandée de mettre en œuvre... ?

4 - Réécrivez les phrases suivantes en utilisant la forme passive **lorsque c'est possible**.
EXEMPLE : Les téléspectateurs adorent cette présentatrice.
→ Cette présentatrice est adorée par les téléspectateurs.

1. La fin du film nous a surpris.

2. Ils ont permis aux téléspectateurs de participer au débat.

3. On m'a installé le câble.

4. Il est étonnant que presque personne n'ait vu ce film.

5. Des téléspectateurs ont téléphoné à la chaîne de télévision pour se plaindre.

6. Tous les Français ne perçoivent pas Arte comme une chaîne accessible.

7. Olivier-René Veillon a parlé de la campagne publicitaire.

8. Cette émission a bouleversé beaucoup de gens.

9. Les journalistes se sont adressés aux jeunes.

10.Tout le monde a apprécié cette émission.

B .... **L**e subjonctif *(suite)* ....

1 - Soulignez les verbes au subjonctif dans les propos d'Olivier-René Veillon. Indiquez les expressions ou conjonctions qui expliquent l'emploi du subjonctif. Qu'expriment-elles ?

> *Il y a intérêt à ce qu'ils regardent Arte pour pouvoir faire évoluer leur perception de la chaîne. Mais, pour qu'ils évoluent dans leur perception de la chaîne, il faut que les a priori tombent.*
>
> *(...) le dire dans ces termes, afin que l'image évolue.*

2 - Hervé dit : *Les émissions d'Arte sont souvent intéressantes quoiqu'ardues.* Réécrivez cette phrase de manière à ce que **quoique** soit suivi d'un verbe. Peut-on remplacer **quoique** par une autre conjonction ? Laquelle ? Construisez deux phrases sur le même modèle.

Attention ! Il ne faut pas confondre **quoique** et **quoi que**. Comparez les deux phrases suivantes :
- Il regarde ce feuilleton **quoique** (**bien que**) ses parents ne le veuillent pas.
- Il regarde ce feuilleton **quoi que** (**quelles que soient les choses que**...) ses parents en disent et **quoi qu'**ils fassent !

3 - En vous référant à la distinction essentielle entre l'indicatif (mode du fait réel ou de l'assertion d'un fait, EXEMPLE : Lorsque je voyage, je...) et le subjonctif (mode de l'irréalisé et de la subjectivité : réalisation possible, souhaitée ou redoutée ou considérée avec regret, crainte ou un élément de doute, EXEMPLE : Bien que je ne puisse venir demain...), classez les conjonctions suivantes en deux groupes, selon qu'elles sont suivies de l'indicatif ou du subjonctif :

> à condition que / à moins que / après que / avant que /
> bien que / de façon à ce que / de peur que / de sorte que / dès que /
> en attendant que / jusqu'à ce que / lorsque / quand / parce que /
> pendant que / pourvu que / puisque / que... que... / sans que /
> selon que / soit que... soit que / tandis que

IV - GROS PLAN SUR LES MANIÈRES DE DIRE

1- La langue formelle

En quoi la manière de s'exprimer d'Olivier-René Veillon diffère-t-elle de celle des autres locuteurs de la vidéo. Prêtez attention au vocabulaire, à la construction des phrases, aux effets de style.

2- Le verbe dire

Quelle est la fonction du verbe **dire** dans les exemples suivants (A et C de la vidéo).

> Anaïck : *J'aime beaucoup aussi les émissions euh*, **comment dire**, *les documentaires comme* Reportages, *par exemple.*
> Maud : **Disons** *que, enfin, je regarde surtout les reportages.*
> Hervé : *J'essaye de porter mes choix sur des émissions plutôt euh* **disons** *culturelles.*
> Sandra : *C'est une chaîne euh* **dite** *culturelle.*
>
> Olivier : *Mais ça,* **comment dire**, *ça éloigne.*
> Hervé : *...qui sont assez euh,* **disons**, *en marge.*
> Emmanuel : *(France-Inter) propose,* **je dirais**, *un intérêt particulier.*

3- L'évolution du français contemporain : les substantifs à valeur d'adjectif

Maud dit (A de la vidéo) : *Je suis pas tellement **télévision**.* Que signifie cette phrase ?

❑ Je ne suis pas tellement à l'aise devant la télé.
❑ Regarder la télévision ne me passionne pas / ne m'intéresse pas.
❑ J'ai du mal à comprendre la télévision.

Il s'agit ici d'un développement récent de la langue française. Suggérez d'autres exemples de ce procédé.

V - GROS PLAN SUR LA COMMUNICATION

A .... **C**ommunication orale ....

1- Tour de table

Radio ou télévision ? Que préférez-vous ? Pourquoi ?

2- Travail à deux

Comparez vos habitudes et préférences.
- Combien de temps en moyenne passez-vous à regarder la télévision chaque semaine ?

Quels genres d'émissions regardez-vous de préférence ? Quel type de téléspectateur / télé-spectatrice êtes-vous ?

- Écoutez-vous la radio régulièrement ? Quelles stations ? Quelles émissions ? Quels sont vos critères de choix ?

3 - Débats

a) Considérez-vous que la télévision soit le nouvel "opium du peuple" ?

b) La télévision permet d'informer, d'éduquer, de distraire. Qu'en pensez-vous ?

c) À votre avis, est-ce que la radio et la télévision renforcent le sentiment d'identité nationale, ou est-ce qu'elles contribuent à la disparition des diversités culturelles ?

d) La violence à la télévision : êtes-vous pour ou contre la censure ?

4 - Jeux de rôle

a) Un père (ou une mère) est anti-télévision et son fils (ou sa fille) allume le poste dès qu'il (ou elle) rentre à la maison.

b) Quelqu'un qui adore les feuilletons télévisés et quelqu'un qui les déteste.

c) Deux personnes sont obligées de travailler dans la même pièce : l'une a besoin d'écouter la radio en travaillant, l'autre ne peut travailler que dans le silence.

d) Un éducateur (ou une éducatrice) qui pense que la télévision corrompt ou rend violent et quelqu'un qui pense que la télévision éduque et ouvre l'esprit des jeunes.

5 - Simulation

Conseil de famille : Trois générations, réunies sous le même toit, essaient démocratiquement d'opérer ensemble une sélection des émissions de télévision de la semaine à partir d'un programme de télévision (à trouver dans un journal ou un magazine). Malheureusement, les goûts divergent.

6 - Sondage

Est-ce que les pratiques télévisuelles ou radiophoniques de votre groupe correspondent à celles des jeunes Français interviewés dans cette unité ? Préparez un questionnaire et tirez vos propres conclusions en fonction des réponses obtenues.

B............ Communication écrite ....

1 - Lettre

a) *Je ne suis pas tellement télévision* déclare Maud (A de la vidéo). Vous lui écrivez en donnant votre point de vue.

b) Vous répondez à l'un(e) des étudiant(e)s que vous avez vu(e) dans cette unité pour lui dire en quoi vous partagez ses préférences et pour lui faire part de votre point de vue.

2- Rédaction

a) Distraire, informer, éduquer sont les trois objectifs que se donnent la radio et la télévision. Laquelle des deux y réussit le mieux selon vous ?

b) Les chaînes de télévision dans votre pays : en quoi se démarquent-elles les unes des autres, et quelle est celle que vous regardez le plus souvent ?

3- Article

a) Vous êtes un(e) téléphile convaincu(e) et vous écrivez un court article pour convaincre les lecteurs du magazine de votre section de français de l'atout que constitue la télévision par satellite, que ce soit au niveau culturel ou au niveau de l'apprentissage des langues.

b) Vous écrivez un court article dans lequel vous défendez le principe d'une chaîne de télévision à vocation transnationale dans votre propre pays.

4- Résumé

Résumez en une dizaine de lignes les propos d'Olivier-René Veillon sur la chaîne Arte.

5- Journal de bord

VI - GROS PLAN SUR LA LECTURE

*P*remier contact avec la télévision

1 Le lendemain, il pouvait être midi quand un cri parcourut le bateau et rassembla les passagers dans la salle de restaurant : la télé ! Sur les trois récepteurs, une image sautait, disparaissait, revenait dans un clignotement fiévreux. La première image provenant directement de France ! Une foule d'immigrés inquiète et attentive, des visages osseux, des
5 yeux sombres attendent ce premier message de la Terre promise. L'écran palpite, s'éteint et se rallume, un paysage, une silhouette, un visage ondulent, puis se stabilisent. On voit un couple marcher dans une prairie. Ils sont jeunes, beaux, amoureux. Ils se sourient. Deux enfants radieux se précipitent vers eux en écartant les herbes et les fleurs. Longue embrassade, bonheur. Soudain l'image s'immobilise. Un homme grave à
10 lunettes apparaît en surimpression. Il tient à la main à hauteur de son visage un contrat d'assurance-vie. Ensuite on voit une jolie maison provençale. Devant la piscine, toute une famille prend son petit déjeuner en riant. Le bonheur. Cette fois, c'est grâce à la poudre à laver Soleil. Il pleut. Une élégante marche, abritée sous son parapluie. En passant devant la glace d'un magasin, elle se trouve si chic qu'elle se sourit. Comme ses
15 dents brillent ! Le bonheur. Il faut utiliser le dentifrice Briodent. Le petit écran s'assombrit. Plus rien. Les hommes et les femmes du bateau qui voyagent en classe économique se regardent. C'est donc cela la France ? Ils échangent leurs impressions. Mais tout le monde se tait, car l'image reparaît. Une voix explique que, contre les étudiants qui manifestaient au Quartier Latin, les CRS ont fait usage de bombes lacrymogènes.

20 Les policiers casqués, masqués et munis de boucliers en plexiglas ressemblent à des samouraïs japonais du Moyen Âge. Les étudiants leur lancent des pierres, puis se dispersent en courant. Des fusées éclatent parmi eux. On voit en gros plan le visage inondé de sang d'une très jeune fille. L'écran s'éteint à nouveau.
Deux heures plus tard, les côtes de France étaient en vue.

Michel Tournier, *La goutte d'or*, © Éditions Gallimard (Folio), 1986, pp. 103-104.

La ligne éditoriale des chaînes de télévision

1 La ligne éditoriale des chaînes est déterminante pour le travail du producteur. Elle concerne non seulement le contenu, mais l'écriture du projet, qui doit s'adapter au style, au ton de la chaîne. On ne parle pas de la même manière au public de TF1 et de M 6. Qu'il reçoive un script ou le suscite, le producteur doit savoir s'il colle à la case
5 dans laquelle il pense pouvoir l'inscrire. Il connaît sur le bout du doigt la spécificité de chacune, son évolution. Il sait que, sur TF1, il peut proposer des polars, de préférence avec héros récurrents qui autorisent d'aborder les faits de société mais de manière "soft". Stars obligatoires ! Il peut proposer également des comédies sentimentales, la chaîne en cherche après avoir commandé pendant deux ans des mélodrames. France 2 ?
10 "Mission sociale"... La chaîne publique veut des fictions populaires sur la base de valeurs. "Les Mercredis de la vie" permettent des films ambitieux, voire difficiles, mais s'orientent maintenant vers un traitement plus léger. Les polars récurrents, les grands feuilletons ou mini-séries (éventuellement en costumes) sont pour elle. On peut fouiller les personnages, la psychologie, attention à la violence. Pour France 3, les fictions de
15 proximité, le "terroir" (métiers, milieux...). Pour M 6, de l'action plutôt. Les collections "Combats de femme" et "Verdict" permettent de traiter les questions de société mais les héros doivent être jeunes et beaux. Canal Plus, qui semble vouloir changer sa politique de fiction, parle beaucoup "aventure" et songerait à la comédie. Elle ose, une ou deux fois par an, un film difficile, voire engagé politiquement. Arte : la seule chaîne qui
20 a une vraie politique d'auteurs, mais il faut faire partie du club.

Le Monde – Télévision, Radio, Multimédia –, 6-7 juillet 1997, p. 4.

Voyage autour du monde

Principaux objectifs

- Rêver et parler de voyages.
- Situer dans l'espace.
- Réviser les temps du passé.

I - GROS PLAN SUR LA COMPRÉHENSION

1. Dans le tableau suivant, indiquez les endroits que Pricila a visités, et, le cas échéant, le temps passé dans chaque lieu et ce qu'elle y a fait.

Le pays / la ville visité(e)	La durée du séjour	Les activités

2. Quels moyens de transport a-t-elle utilisés ?

3. Quels conseils donne-t-elle à ceux qui voudraient voyager de la même façon ?

4. Quels regrets a-t-elle eus au cours de son voyage ?

5. Qu'a-t-elle retiré de son voyage autour du monde ?

II-GROS PLAN SUR LE LEXIQUE

A .... **A**utour d'un thème ....

Voyager	
Substantifs	Expressions
une excursion	aller par monts et par vaux
une marche	bourlinguer
une promenade	composter son billet
une randonnée	faire du tourisme
un voyage d'affaires	parcourir le monde
un voyage d'agrément	partir à l'aventure
un voyage d'études	partir en voyage
un voyage de noces	rouler sa bosse
un voyage organisé	voir du pays
un voyage (un circuit) touristique	voyager de jour / de nuit

Les titres de transport	Les documents
un abonnement	un carnet de vaccination
un aller	un chèque de voyage
un aller-retour	des papiers d'identité
un billet de groupe	un passeport
un billet à tarif réduit	un visa
un billet touristique	

1 - Il y a plusieurs types de voyageurs. Quelle différence y a-t-il entre :

- un touriste et un passager ?
- un routard et un routier ?
- un explorateur et un globe-trotter ?

2 - De quel type de voyage s'agit-il ?
Reliez chaque terme à sa définition.

- un circuit	un voyage d'agrément en mer
- une croisière	des déplacements incessants, souvent en pays lointains
- une expédition	un voyage itinérant pour visiter un ou plusieurs pays
- une odyssée	une longue traversée maritime
- des pérégrinations	un voyage qui demande beaucoup d'organisation
- un voyage au long cours	un voyage plein d'aventures et de rebondissements

B D'un mot à l'autre

Les synonymes

Remplacez les mots et expressions employés par Pricila par des synonymes ou des expressions équivalentes.

> J'ai, **entre autres**, visité le Taj Mahal.
>
> Ensuite, une des choses les plus importantes, à mon avis, est d'étudier **sommairement** les règles, les traditions du pays dans lequel on va, de façon à ne pas **commettre d'impairs** une fois qu'on est là-bas.
>
> On peut revoir des gens, **en l'occurrence** à Londres et à Paris j'ai revu des gens...

III - GROS PLAN SUR LA GRAMMAIRE

A Les prépositions

Rétablissez les prépositions (et les articles si nécessaire) dans ce que dit Pricila, sans vous référer à la transcription. Plusieurs solutions sont parfois possibles.

> Je viens de faire un long voyage, je suis partie pendant un an, je suis partie .... Londres où je suis allée .... avion .... New Delhi, j'ai séjourné à peu près deux jours, j'ai, entre autres, visité le Taj Mahal, je suis ensuite partie .... bus .... Katmandou, où j'ai passé deux mois, j'ai fait de longues randonnées .... les Himalaya, je suis repassée .... Inde, j'ai séjourné quelque temps .... Calcutta où j'ai entre autres travaillé avec la Mère Teresa, puis j'ai descendu la côte est .... l'Inde, en passant .... le sud, j'ai remonté un petit peu la côte ouest. De là, je suis partie .... avion .... Sri Lanka où j'ai passé à peu près une dizaine de jours. J'ai repris l'avion .... Bangkok, je suis montée .... le nord de la Thaïlande pour faire d'autres randonnées, d'autres marches, puis je suis redescendue .... des îles .... le sud de la Thaïlande, puis .... Malaisie .... d'autres îles, j'ai traversé la jungle où j'ai encore fait des randonnées. Je suis partie .... Singapour .... avion, je n'ai passé qu'à peu près deux jours .... Singapour pour arriver .... Indonésie que j'ai traversée .... Java puis Bali, puis j'ai pris un bateau de pêche, qui m'a emmenée .... l'est de l'Indonésie.

B .... **R**évision des temps ....

❶- Opposition imparfait / passé composé

Notez et justifiez l'emploi du passé composé et de l'imparfait dans l'extrait suivant :

> *Avant de partir, **je vivais** en Angleterre, **j'ai vécu** en Angleterre pendant trois ans et **je ne pensais** pas retourner en France et, en fait, après avoir découvert d'autres cultures, **j'ai su** mieux apprécier ma culture, donc, la culture française et maintenant, **j'ai** finalement **décidé** de rentrer pour de bon. Donc, **ça m'a fait** voir les choses d'une façon très différente et **j'ai pu** prendre une distance et mieux apprécier les choses.*

❷- Les auxiliaires avoir et être

Comparez et justifiez l'emploi des auxiliaires **avoir** et **être** dans chacun des verbes au passé composé de cet extrait :

> *Puis **j'ai descendu** la côte est de l'Inde, en passant par le sud, j'ai remonté un petit peu la côte ouest. De là, **je suis partie** en avion à Sri Lanka où **j'ai passé** à peu près une dizaine de jours. **J'ai repris** l'avion pour Bangkok, **je suis montée** dans le nord de la Thaïlande pour faire d'autres randonnées, d'autres marches, puis **je suis redescendue** sur les îles dans le sud de la Thaïlande.*

❸- L'accord du participe passé

Justifiez l'accord des participes passés dans ces extraits :

> *Par exemple, en Inde, au Népal, en Indonésie également, j'ai **rencontré** des familles qui m'ont **invitée** chez elles, avec qui je suis **restée** (...). Mais finalement, une fois qu'on rentre, on peut revoir des gens, en l'occurrence à Londres et à Paris j'ai **revu** des gens que j'avais **rencontrés** pendant mon voyage et on a **pu** partager de nouveau les moments exceptionnels qu'on avait **vécus** là-bas.*
>
> *Il est vrai qu'il y a des endroits où je me suis **sentie** très bien (...). C'est parfois assez difficile de de se quitter après s'être **connus** si peu de temps.*
>
> *Je me suis **promenée** avec un sac à dos seulement (...), maintenant, je me suis **aperçue** que l'on peut vivre, en fait, très simplement.*

❹- Le récit au passé simple (v. U 3)

Imaginez que vous écrivez le début d'une nouvelle qui aurait pour point de départ le séjour à Paris d'une jeune étrangère. Pour vous aider, voici un récit où il s'agira de mettre les verbes aux temps qui conviennent. Vous avez des prétentions littéraires, et vous devez donc utiliser le **passé simple** au lieu du passé composé.

Il y a un mois de cela, au cœur de l'été, Ingrid (décider) .... de se rendre à Paris où ses parents (connaître) .... une famille depuis un certain temps. Elle (prendre) .... l'avion et, comme personne ne (pouvoir) .... venir la chercher à Roissy, elle (se rendre) .... dans le centre de Paris par le RER. Elle (trouver) .... facilement l'appartement dont on lui (communiquer) .... l'adresse et qui (se trouver) .... au Quartier Latin.

Elle (passer) .... une semaine très agréable : elle (se promener) .... longuement sur les quais de la Seine, elle (visiter) .... plusieurs musées et elle (faire des achats) .... sur les grands boulevards ; elle (pouvoir) .... également aller à La Comédie francaise où elle (voir) .... une pièce de Molière.

Pendant son séjour, elle (avoir l'occasion) .... de rencontrer d'autres jeunes, ce qui lui (permettre) .... de faire des progrès rapides en français.

(..... Avant de + infinitif présent / après + infinitif passé ....

1 - Mettez le verbe entre parenthèses à l'infinitif passé :

- Après (faire) .... tous ses vaccins et après (obtenir) .... tous ses visas, Pricila a été en mesure de faire un long voyage.
- Après (passer) .... par Tahiti, Pricila est rentrée à Paris.
- Après (découvrir) .... de nombreux endroits du monde et après (les visiter) ...., elle s'est rendu compte que sa vision de la vie avait changé.

2 - Construisez trois autres phrases où vous contrastez l'emploi de **avant de + infinitif présent** et celui de **après + infinitif passé**, comme l'a fait Pricila : *Avant de partir*, je vivais en Angleterre (...). Je ne pensais pas retourner en France et, en fait, **après avoir découvert** d'autres cultures, j'ai su mieux apprécier ma culture.

IV - GROS PLAN SUR LES MANIÈRES DE DIRE

1 - La mise en valeur de l'enchaînement textuel

Soulignez, dans les propos de Pricila, toutes les expressions et les mots de liaison qui marquent l'enchaînement, c'est-à-dire qui permettent d'organiser la cohérence du texte.

> *Bien, on dit toujours que les voyages ouvrent l'esprit et aident à se trouver, en fait, pour moi, c'est devenu une réalité puisque ma vision de la vie a totalement changé. D'abord, j'ai appris à vivre avec l'essentiel, puisque pendant un an, je me suis promenée avec un sac à dos seulement, donc, j'ai réalisé qu'on avait besoin de très peu de choses pour vivre. Je me suis un peu libérée de toutes les possessions qu'on a besoin d'avoir en Occident, et donc, euh j'ai... maintenant, je me suis aperçue que l'on peut vivre, en fait, très simplement.*

Écrivez un court texte où vous réutilisez les expressions que vous avez soulignées, dans le même ordre.

2- Les variations de registre chez un même locuteur

La façon de s'exprimer de Pricila varie au cours de l'interview. Examinez les passages suivants. Notez d'une part les expressions qui relèvent davantage de la langue parlée et d'autre part les formulations plus raffinées.

> *Puis je suis redescendue sur des îles, dans le sud de la Thaïlande, puis en Malaisie sur d'autres îles (...). Je suis partie de Singapour en avion, je n'ai passé qu'à peu près deux jours à Singapour pour arriver en Indonésie, que j'ai traversée par Java, puis Bali. Puis j'ai pris un bateau de pêche qui m'a emmenée à l'est de l'Indonésie sur Flores.*
>
> *Donc, par exemple, en Inde ou dans certains pays d'Asie, il faut que les femmes s'habillent de façon convenable, ne pas montrer ses jambes, ne pas montrer ses bras, afin de ne pas choquer et aussi afin d'avoir moins de harcèlement.*
>
> *J'ai eu des regrets parfois, en particulier, quand j'ai dû quitter certains endroits puisqu'il est vrai qu'il y a des endroits où je me suis sentie très bien et il fallait que je continue mon voyage, que j'aille découvrir d'autres choses. Donc, j'ai dû quitter des gens, des rencontres que j'ai faites avec des gens locaux, par exemple, en Inde, au Népal, en Indonésie également (...).*

V - GROS PLAN SUR LA COMMUNICATION

A — Communication orale

1- Tour de table

Aimeriez-vous faire le tour du monde ? Donnez vos raisons. Si oui, quels pays visiteriez-vous ? Pendant combien de temps partiriez-vous ?

2- Travail à deux

a) Avez-vous déjà fait un long voyage ? Où ? Avec qui ? Qu'en avez-vous retiré ?

b) Quels pays souhaiteriez-vous visiter ? Évoquez les avantages et les inconvénients de vos choix.

3- Débats

a) Êtes-vous pour ou contre les voyages sac au dos, à l'aventure ?

b) Selon Pricila : *On dit toujours que les voyages ouvrent l'esprit et aident à se trouver.* Qu'en pensez-vous ?

4- Jeux de rôle

a) Un(e) étudiant(e) veut partir seul(e) à l'aventure sac au dos et ses parents s'inquiètent.

b) Quelqu'un qui aime partir à l'aventure et quelqu'un qui préfère les voyages organisés.

5 - Simulation

Des amis se retrouvent pour préparer le long voyage dont ils rêvent depuis longtemps. Cette fois-ci, il s'agit d'être réaliste et pragmatique, et d'envisager toutes les possibilités (itinéraire, hébergement, transport, formalités administratives, etc.). Malheureusement, certains ont des ressources financières limitées, et les préférences personnelles varient.

6 - Sondage

Préparez un questionnaire sur le thème : les voyages, rêves et réalités, et interrogez les personnes proches de vous.

B .... Communication écrite ....

1 - Lettre

Vous devez partir dans quinze jours avec un(e) ami(e) pour un voyage de trois mois. Vous lui écrivez pour lui faire part de vos préparatifs de départ et pour mettre au point les derniers détails de votre voyage.

2 - Article

Écrivez un court article pour des étudiants étrangers dans lequel vous leur conseillez un itinéraire pour visiter votre propre pays.

3 - Rédaction

a) "Les voyages, l'aventure restent un besoin fondamental chez l'être humain, une évasion nécessaire dans une vie standardisée et robotisée." Donnez votre point de vue.

b) Racontez un voyage problématique.

c) L'expression "faire du tourisme" a parfois une connotation négative. Qu'en pensez-vous ?.

4 - Résumé

Résumez le voyage de Pricila en une dizaine de lignes.

5 - Journal de bord

VI - GROS PLAN SUR LA LECTURE

Le « grand tour »

1   Découvrir le monde avant d'avoir à gagner sa vie est la plus grande joie de l'existence. Les
jeunes seigneurs anglais des XVIIᵉ et XVIIIᵉ siècles, qui faisaient le grand tour, sont imités, de
nos jours, par une génération qui s'accommode du manque d'argent et qui réussit ce tour de
force de voyager sans le sou, travaillant aux fermes, balayant les quais d'un port en attendant
5   un bateau, ou en faisant de l'auto-stop. (...) Les Anglais ont un mot, *beach-comber*, pour
désigner ces vagabonds romantiques, débardeurs bénévoles, mousses occasionnels, enfants
prodigues de leurs kilomètres. C'est la tradition d'Ulysse, de Montaigne, de Jean-Jacques, de
Chateaubriand.

10 (...) Les amants de la route ont faim de kilomètres, ils boivent l'oxygène comme du
champagne, Marcos Polos corpusculaires, princes de ligne microscopiques, comme les
rennes se déplacent pour ronger les lichens. Les frontières les plus fermées n'ont jamais
interrompu la circulation ; les rideaux de fer ne sont jamais que momentanés ; même
quand les lignes de communication elles-mêmes ont disparu, aux époques barbares, les
15 voyageurs ont été les plus forts, pèlerins ou guerriers des croisades plus forts que les geô-
liers ; la curiosité de l'homme est une faim.

Paul Morand, *Le voyage*, © Éditions du Rocher (coll. Pocket), 1994 (1927), pp. 20-21.

Un voyage problématique

1

Nous avions déjà visité Milan et Gênes. Nous étions à Pise depuis deux jours lorsque
5   je décidai de partir pour Florence. Jacqueline était d'accord. Elle était d'ailleurs toujours
d'accord.
C'était la deuxième année de la paix. Il n'y avait pas de place dans les trains. À toutes
les heures, sur tous les trajets, les trains étaient pleins. Voyager était devenu un sport
comme un autre et nous le pratiquions de mieux en mieux. Mais cette fois, à Pise,
10 lorsque nous arrivâmes à la gare, les guichets étaient fermés, on ne délivrait même plus
de billets pour aucun des trains en partance. Nous pensâmes aux cars. Mais pour les
cars non plus on ne délivrait plus de billets. Malgré ces empêchements je me jurai de
gagner Florence dans la journée. Quand je voyageais j'avais toujours de ces acharne-
ments-là, il me fallait toujours voyager davantage, et ce jour-là, la seule idée d'attendre
15 au lendemain pour voir Florence m'était insupportable. Je n'aurais sans doute pas su

dire pourquoi, ce que j'attendais de cette ville, quelle révélation, quel répit j'en espérais. Si je n'avais plus en effet d'autres impatiences que celles-là je ne les élucidais jamais. Après l'échec des cars je me renseignai encore. On me dit qu'il y avait des équipes d'ouvriers qui rentraient à Florence chaque samedi vers six heures, que leurs camionnettes
20 étaient stationnées place de la gare, que parfois ils prenaient des gens.
Nous allâmes donc place de la gare. Il était cinq heures. Nous avions une heure d'attente. Je m'assis sur ma valise et Jacqueline sur la sienne. La place avait été bombardée et à travers la gare détruite on voyait arriver et partir les trains. Des centaines de voyageurs passaient devant nous, éreintés, suants. J'imaginais qu'ils venaient tous de
25 Florence ou qu'ils y allaient et je les regardais avec envie. Il faisait déjà chaud. Les quelques arbres qui restaient sur la place avaient leur feuillage brûlé par le soleil et la fumée des trains et ils ne donnaient que très peu d'ombre. Je ne pensais qu'aux camionnettes et ça m'était égal d'avoir chaud. Au bout d'une demi-heure Jacqueline me dit qu'elle avait soif, qu'elle aurait bien bu une limonade, qu'on avait le temps. Je lui dis
30 d'y aller seule parce que moi je ne voulais pas rater les ouvriers. Elle y renonça et acheta des gelati. Nous les mangeâmes vite, elles fondaient dans nos doigts, elles étaient trop sucrées et augmentèrent notre soif. C'était le 11 août. Les Italiens nous avaient prévenus qu'on allait vers la canicule, que celle-ci arrivait en général vers le 15 août. Jacqueline me le rappela.
— Ce n'est rien encore, dit-elle, qu'est-ce qu'on va prendre à Florence.

Marguerite Duras, *Le Marin de Gibraltar*, © Éditions Gallimard, 1952, pp. 11-12.

Les vacances

Principaux objectifs

- Parler des vacances.
- Préparer un séjour en France.
- Revoir l'infinitif.
- Réviser les diverses fonctions de **tout**.

I - GROS PLAN SUR LA COMPRÉHENSION

Séquence 1 - Les vacances, ça évoque...

1. Faites l'inventaire de tout ce que le mot **vacances** évoque pour les étudiants.
2. *Les vacances c'est la liberté*, affirme Maud. Comment l'explique-t-elle ?
3. Qu'est-ce qu'Audrey a apprécié au cours de ses vacances en Turquie ?

Séquence 2 - Découvrir la France

1. Quelles sont les régions de France que les étudiants conseillent à des étudiants étrangers ? Indiquez également le genre d'activités recommandées.
2. Résumez les conseils donnés par les étudiants aux visiteurs étrangers.
3. En quoi les points de vue d'Odette et d'Éric sur le Midi de la France se rapprochent-ils ?

II - GROS PLAN SUR LE LEXIQUE

A .... Autour d'un thème ....

Types de vacances	Hébergement	Expressions
les vacances à la campagne	une auberge de jeunesse	faire / boucler sa valise
les vacances à l'étranger	le camping (sous la tente)	faire le lézard / lézarder
les vacances à la mer	le caravaning	partir en vacances
les vacances à la neige	un gîte (rural)	s'adonner au farniente
les vacances à la plage	l'hôtel	se changer les idées
les vacances au soleil	le logement chez l'habitant	se dorer au soleil
les vacances d'été	le logement dans une famille	se mettre au vert
les vacances d'hiver	un village (de) vacances	

a) Quelle est l'étymologie du mot **vacances** ?

b) Quel autre nom donne-t-on aux vacances d'été ? Et aux vacances d'hiver ?

c) Quel est le nom donné à une personne en vacances ? En connaissez-vous un autre ? Lequel ?

d) Quelle est la différence entre :
- les vacances et les congés,
- être en vacances et être en congé.

B .... **D'**un mot à l'autre ....

1- Le mot moyen

a) Observez et reformulez ou traduisez les expressions suivantes :

> Hervé : *C'est le meilleur moyen.*
> Odette : *Je leur conseillerais de faire un tour de France, s'ils en ont les moyens.*

b) Connaissez-vous d'autres expressions contenant le mot **moyen** ? Lesquelles ?

c) Le mot **moyen** peut également être un adjectif. EXEMPLE : être de taille **moyenne**.
Donnez d'autres exemples tirés du domaine sociologique, scolaire ou économique.

d) Quel est l'adverbe formé sur l'adjectif **moyen** ? Faites deux phrases pour illustrer son sens.

e) Quel est le sens du mot **moyenne** dans le contexte suivant : **avoir la moyenne à un examen** ?

2- Le mot temps

a) Notez toutes les expressions contenant le mot **temps** utilisées par les étudiants et donnez des synonymes :

> Paolo : *Les vacances (...), c'est* **prendre son temps** *pour être avec les gens (...). On a beaucoup* **plus de temps libre**.
> Ramata : *Les vacances (...),* **en temps ordinaire**, *ça évoque le soleil.*
> Odette : *Je leur conseillerais de faire un tour de France* **s'ils en ont le temps.**

b) Relevez d'autres expressions contenant le mot **temps** à l'aide d'un dictionnaire monolingue.

3- Le mot dépaysement

Nedjma : *Les vacances, ça évoque la fête, l'amusement, les sorties, le dépaysement...*
Expliquez le mot **dépaysement**. Comment est-il formé ?
Pouvez-vous donner d'autres exemples de mots constitués de la même manière ?

A .... **L**es substantifs et l'infinitif ....

1 - Relevez, dans la transcription, une construction du type :
- nom + à + infinitif ;
- adjectif + à + infinitif.

2 - Observez la façon dont les étudiants utilisent tantôt l'infinitif, tantôt un substantif pour indiquer ce que les vacances représentent pour eux :

EXEMPLES : Paolo : *Les vacances, le repos, pouvoir faire des choses qu'on ne peut pas faire durant l'année.*

Vanessa : *Le soleil, le calme, le repos et se divertir.*

À vous de remplacer les substantifs par des constructions infinitives et les infinitifs par des substantifs :

EXEMPLES : le repos → se reposer

partir à l'étranger → les départs pour l'étranger, les voyages à l'étranger

• *la détente* (Odette) / *la fête* (Nedjma) / *le calme* (Odette) / *la fin des cours* (Maud) / *les retrouvailles* (Odette) / *les rires* (Odette) / *les sorties* (Nedjma) / *les connaissances* (Nedjma)

• découvrir des régions de France / visiter des musées / sortir tous les soirs

3 - En utilisant une variété de substantifs et de constructions infinitives, dites ce que représente pour vous :
- un repas au restaurant,
- un voyage en train,
- un séjour en auberge de jeunesse,
- la découverte d'une ville,
- des vacances au bord de la mer.

B .... **T**out adjectif, pronom et adverbe ....

1 - Classez ces exemples dans l'une des trois rubriques suivantes :

tout adjectif / tout pronom / tout adverbe

Maud : *tout ce qu'on ne peut pas faire.*
Maud : *tous les soirs.*
Nedjma : *tout ce qui va avec.*
Anaïck : *toute la France.*
Anaïck : *pour tous les goûts.*
Anaïck : *il faut tout découvrir.*
Éric : *tout ce qui est... / tout ça.*

Hervé : *être tout seul.*
Odette : *on a tous les mêmes besoins.*
Odette : *toute chose est bonne à découvrir.*

2 - Complétez les phrases suivantes avec la forme de **tout** (**toute** / **tous** / **toutes**) qui convient dans le contexte. Soulignez le **-s** de **tous** lorsqu'il est prononcé (c'est-à-dire lorsque **tous** est **pronom**).

(1) .... les étés ils allaient (2) .... ensemble au bord de la mer. Ils étaient (3) .... contents de retrouver (4) .... leurs amis qui étaient aussi (5) .... heureux de les revoir. (6) .... adoraient (7) .... les longues soirées passées à bavarder ; il leur arrivait parfois de rester (8) .... la nuit à la belle étoile. L'hiver, ils évoquaient (9) .... les bons moments qu'ils avaient vécus ensemble, et ils attendaient (10) .... les prochaines vacances avec impatience.

IV - GROS PLAN SUR LES MANIÈRES DE DIRE

1 - La langue familière et argotique

Éric (Séq. 2) s'exprime d'une manière très libre, plutôt familière, voire argotique.
Soulignez dans ses propos les expressions et les constructions familières ainsi que les termes argotiques.

> *Le Midi de la France bon, faut aimer l'ambiance, c'est pas très, c'est pas une ambiance de France profonde c'est... je sais comment ça se passe, c'est quand même assez friqué donc, dans ce cas-là, c'est un monde assez artificiel donc le Midi de la France, c'est pas trop ça (...). Sinon, y a tout ce qui est, bon, les Landes c'est côté océan, océan Atlantique, ben là, y a le camping tout ça, c'est assez sympa, euh j'aime beaucoup aller dans ce coin-là. Sinon, y a aussi plus dans le Centre vers le Massif Central tout ce qui est la région le Lot, Lot-et-Garonne, là, c'est plus des vacances pépère, à la campagne euh ou les balades en vélo, tout ça, là, c'est assez sympa. Bon, y a... euh pour loger, y a tout ce qui est gîte tout ça, bon ça, y en a un peu partout en France, ça ça se trouve assez facilement.*

2 - La langue soutenue

Imaginez qu'Éric travaille dans un office du tourisme et qu'il s'adresse à des touristes d'un certain âge. Reformulez ce qu'il dit en tenant compte du contexte et de ses interlocuteurs.

V - GROS PLAN SUR LA COMMUNICATION

A .... Communication orale ....

1 - Tour de table

a) Qu'évoque pour vous le mot **vacances** : activités, lieu, moment, durée, en quelle compagnie ?

b) Quelles sont les régions de votre pays que vous conseilleriez à des touristes étrangers ? Pour quelles raisons ?

2 - Travail à deux

a) Que pensez-vous de la réponse de Patrice au début de la séquence 1 à propos des vacances : *J'en prends très peu / en général je m'ennuie pendant les vacances.* Est-ce que vous comprenez son point de vue ? Est-ce que vous le partagez ?

b) Qu'évoque le mot dépaysement pour vous ? Et le mot détente ?

c) Comparez vos propres conceptions des vacances idéales.

d) "Avoir le sens de la fête" représente quoi pour vous ? Est-ce important ?

3 - Débats

a) Dans quelle mesure les vacances sont-elles le moyen idéal de rencontrer des gens ou de se faire des amis ?

b) Êtes-vous d'accord avec ce que dit Odette : *En tant que jeunes, on a tous les mêmes besoins les mêmes désirs enfin les différences culturelles ne sont pas si grandes à cet âge-là.*

4 - Jeux de rôle

a) Un amateur de calme et de détente et quelqu'un qui aime la foule et les fêtes.

b) Deux ami(e)s sont à une fête : l'un(e) s'ennuie et veut partir, l'autre s'amuse et veut rester.

5 - Simulation

Le comité du club de français de votre institution, dont vous êtes membre, a décidé d'organiser un voyage en France. Les membres du comité se réunissent pour débattre les modalités du voyage : endroits à visiter (formule séjour au même endroit ou circuit en autocar), dates, manifestations culturelles locales présentant un intérêt tout particulier et dont il s'agirait de tenir compte pour établir le programme.
Chacun a des idées précises.

6 - Sondage

Préparez un questionnaire sur les dernières (ou les prochaines) vacances d'été des personnes de votre groupe ou de votre entourage.

B   Communication écrite

❶- Lettre

a) Vous écrivez à l'un(e) des étudiant(e)s de la séquence 1 pour lui faire part de votre conception des vacances. Vous pouvez vous référer aux points de vue exprimés par les étudiants interviewés dans la séquence.

b) Vous écrivez à un(e) ami(e) pour lui faire part de vos dernières vacances qui ont été particulièrement réussies (ou au contraire une catastrophe !).

c) Votre correspondant(e) vous a écrit pour vous demander des conseils sur les endroits à visiter (ou à éviter !) dans votre pays avec sa famille. Vous lui répondez.

❷- Rédaction

a) Pensez-vous comme Odette que, pour passer de bonnes vacances, il faille fuir les régions touristiques ? Donnez les raisons de votre réponse.

b) Avoir un(e) correspondant(e), comme le suggère Hervé, est-ce vraiment la solution idéale pour découvrir un pays dans les meilleures conditions ?

❸- Article

Écrivez un court article pour des étudiants étrangers dans lequel vous leur donnez des conseils pour passer un séjour agréable et mémorable dans votre propre pays.

❹- Résumé

Écrivez un court résumé de la séquence 1 en une dizaine de lignes.

❺- Journal de bord

VI-GROS PLAN SUR LA LECTURE

Vacances chez les grands-parents

1   Mais la conversation roulait de plus en plus sur les prochaines vacances. C'était décidé : Marceau partirait deux mois à Londres. Les parents iraient à Montrichard pour s'occuper des travaux de la propriété, et on enverrait Olivier à Saugues, chez les grands-parents.

5   Saugues ! Saugues, le pays des ancêtres.

     Olivier avait tant de fois entendu ce nom qu'il se revêtait de magie, devenait incantatoire. Et le bon Papa-Gâteau lui avait dit :

     – Si tu enlèves les deux U de Saugues, cela fait "sages" et nos Saugains sont des sages !

Et il avait fredonné sur l'air du *Sanctus* de Beethoven, des refrains entrecoupés par

10   *Saugues, Saugues, salut à toi, salut !*

avant de chanter *Lis Esclops*, la chanson du pays, en patois.

Ce village, c'étaient pour l'instant encore des imageries mais qui s'animeraient bientôt.
Le grand-père maréchal-ferrant, la mémé avec sa coiffe, le tonton, à peine plus âgé que
Marceau et qui soulevait une enclume comme un oreiller... Et le souvenir d'une phrase
15 de Bougras : "C'est là qu'il faut que tu ailles !"
– C'est bath ! lui confiait Marceau. Tu iras à la pêche à la truite. Tu prendras des écre-
visses dans des balances, avec une tête de mouton et de l'huile d'aspic ou du Pernod.
Tu attraperas des vairons dans la Sauge : on perce le cul d'une bouteille, on met du pain,
on passe une ficelle... Ils parlent patois. Tu n'y comprendras rien. Mais je voudrais bien
20 être à ta place...
– Raconte encore !
– Il y a trois vaches : la Marcade, la Dourade et la Blanche, et un chien qui s'appelle
Pieds-Blancs. Lui aussi, il ne connaît que le patois.
– Encore, encore !
25 – Il y a la forge, le métier pour tenir les vaches quand on les ferre. Le tonton t'emmè-
nera dans les foires aux bestiaux, les fêtes patronales. Il te prêtera son vélo. C'est un
monde à part, mais il y a le hic !
– C'est quoi ?
– Tu iras garder les vaches dans un pré à côté du gour de l'Enfer. C'est un trou sans
30 fond, avec le Diable !

Robert Sabatier, *Trois sucettes à la menthe*, © Albin Michel, 1972, pp. 259-260.

N.B. Ce roman se déroule dans les années 30.

À *propos des vacances*

1 Chacun connaissait un endroit extraordinaire où passer de bonnes vacances, mais personne ne dit pourquoi il n'y était pas allé. En somme, tous trouvaient naturel d'être
revenus ou de rester dans cet endroit-ci. Diana fit des différences entre les bonnes
vacances et les vacances ennuyeuses. Ces vacances-ci étaient-elles ennuyeuses ou seule-
5 ment désagréables ? Elles étaient plus désagréables, pas proprement ennuyeuses, en
convint la plupart des gens, excepté une femme qui les trouvait ennuyeuses. Sur la chaleur, il fut dit qu'elle était si dure, qu'on pouvait si mal y échapper qu'elle pouvait, à elle
seule, occuper tout votre temps. Ainsi, la chaleur à elle seule pouvait tenir lieu d'occupation. Et c'était déjà ça. La chaleur et le froid étaient des choses très différentes. La

chaleur était liée à l'idée de vacances, pas le froid. La tristesse de la chaleur, l'angoisse
du soleil, comme disait Diana, était sans doute plus rarement ressentie que celle du
froid, mais elle était plus éprouvante. Pourtant la chaleur ne disposait pas au travail mais
au loisir total, tandis que le froid était apparemment plus fécond, il incitait à l'action.
Les idées levaient l'hiver chez les hommes. Mais l'été, la véritable nature des gens appa-
raissait bien mieux. Les conduites des hommes étaient bien plus significatives l'été que
l'hiver. Enfin on pouvait le croire. Sous le soleil, les caractères s'ouvraient et se faisaient
voir. Chacun avait un avis sur la nature des vacances. Quelques-uns ne croyaient pas à
leur nécessité dans l'existence. D'autres les trouvaient indispensables. Les villes fatiguent
les nerfs des hommes. Là-dessus tout le monde était d'accord : l'existence était univer-
sellement pure. Il fut question des villes respectives où l'on passait cette existence, de
celles où on aurait aimé la passer, des capitales, des villes de province, des grandes villes
internationales, de leurs différents mérites et de leurs inconvénients. Chacun parla de sa
ville avec une évidente nostalgie, un peu comme d'un exil. Si dure qu'elle eût été, chacun tenait à la forme qu'il avait donnée à son existence et était prêt à la justifier comme
étant la moins mauvaise.

Marguerite Duras, *Les Petits chevaux de Tarquinia*,
© Éditions Gallimard, 1953, pp. 243-244.

unité 1

Apprenants et apprentissage

Odette : Apprendre une langue étrangère c'est important, d'autant plus lorsqu'on lorsqu'on vit en Europe euh lorsqu'il y a une Europe qui se construit euh même si il y a parfois des problèmes des difficultés. Moi c'est c'est quelque chose en (la)quelle je crois et euh comme je vous l'ai dit je je je suis une fille d'immigrés donc j'ai déjà à la base deux cultures et euh pour moi, ça ne peut être qu'enrichissant de de connaître d'autres cultures et euh en fait j'ai une nature assez curieuse et c'est ça qui a éveillé en moi cette envie d'apprendre des langues étrangères.

Séquence 1 - Étudier les langues

Anaïck : Bonjour ! Je m'appelle Anaïck, je suis en deuxième année de DEUG LEA Langues Étrangères Appliquées euh j'étudie l'anglais et l'allemand, donc euh l'allemand depuis sept ans et l'an- l'anglais depuis neuf ans, voilà.

Olivier : Euh je m'appelle Olivier, je suis étudiant en licence informatique et les langues étrangères j'en ai étudié euh trois euh jusqu'au Bac, l'anglais, l'allemand et une langue morte et l'anglais euh plus particulièrement après le Bac, les deux années de DEUG. À partir de là en licence y a plus de d'études de langues.

Annick : J'étudie l'anglais depuis neuf ans, j'ai commencé euh en sixième et au niveau de la quatrième on devait choisir une deuxième langue qui était pour moi l'espagnol.

Odette : Donc, j'étudie l'anglais et l'espagnol depuis l'âge de douze ans donc ça fait maintenant neuf ans... neuf ans que j'étudie l'anglais et euh pour l'espagnol euh ça doit faire euh sept ans, il me semble, oui, sept ans.

Maud : Il y a huit ans que j'étudie l'anglais et six ans que j'étudie l'allemand.

Léo : J'ai étudié l'anglais pendant onze ans et l'allemand pendant neuf ans. Aujourd'hui je n'étudie plus ces langues parce que ma faculté ne disp- ne dispense pas ces enseignements mais dans un proche avenir je vais reprendre l'anglais.

Sandra : J'étudie l'anglais, l'espagnol et j'ai fait trois ans de russe. J'ai arrêté le russe parce que ça demandait trop de travail, c'était trop dur et je continue les deux langues l'anglais et l'espagnol.

Séquence 2 - La meilleure façon d'apprendre ?

Emmanuel : Pour moi la façon qui me convient le mieux... la façon d'apprendre une langue étrangère qui me convient le mieux c'est de... dans un premier temps d'être avec des des professeurs qui qui expliquent un peu les rudiments de la langue c'est-à-dire euh la grammaire, l'orthographe, la syntaxe et essayer de se familiariser après avec la le son, la sonorité de la langue, pour essayer de distinguer les différents mots, essayer d'avoir une approche euh je dirais euh plus globale de la langue. Sinon, après y a un... y a le complément, c'est de pouvoir euh apprendre par les livres ou par soi-même et la meilleure façon je pense, c'est de d'intégrer la langue en allant dans le pays de la langue concernée. Donc là on est dans dans un bain culturel et linguistique qui nous permet de bien intégrer ces différentes subtilités de la langue.

Karine : La meilleure façon de s'améliorer c'est de lire des des journaux, des des revues, des livres, de regarder des films en VO et si possible non sous-titrés ou sous-titrés dans la langue, soit espagnol soit anglais. Essayer de parler aussi avec des gens qui viennent du pays (c'est) ce qu'il y a de mieux.

Odette : La grammaire au départ c'est un petit peu euh ennuyeux euh les étudiants n'aiment pas ça, mais c'est tout de même très important lorsqu'on débute une langue parce que c'est les bases d'une langue, c'est... toutes les structures de de de phrase s'apprennent grâce à la grammaire donc, c'est c'est vraiment essentiel et euh même si au départ on est.. euh on n'aime pas ça, bon on finit par par s'y faire et euh donc la grammaire est nécessaire, enfin surtout au départ, lorsqu'on débute, lorsqu'on commence à apprendre une langue.

Anaïck : Je pense que le plus important pour euh bien apprendre une langue, c'est avant tout de la pratiquer. C'est sûr qu'il faut commencer par acquérir les bases, la grammaire, un minimum de vocabulaire et ensuite euh je crois qu'il faut se lancer dans le pays euh avoir des contacts avec des gens, découvrir la culture, parce que la culture fait par- fait partie de la langue aussi.

Maud : Oui oui non, je préfère être toute seule que enfin... que de travailler en groupe, parce que bon on (ne) travaille pas au même rythme en plus forcément et euh fff moi j'ai besoin de calme pour travailler donc euh toute seule, c'est mieux.

Sylvain : La meilleure façon de... d'apprendre une langue est, enfin se- selon moi, de tomber amoureux de quelqu'un du pays ou de tomber amoureux du pays.

Séquence 3 - Contrôle continu ou examen ?

Audrey : Ah ! ben, t(u) as en main le bouquin dont j'ai besoin. Tu tu travailles dessus en ce moment ?

Léo : Mais je peux te le prêter si tu veux.

Audrey : Oui, parce que ça m'arrange parce que je rentre dans la série des partiels là euh j'en aurai vraiment besoin pour euh réviser.

Léo : T(u) as l'air complètement stressée.

Audrey : Ah ! ouais, je suis vraiment vraiment stressée là je...

Léo : Tu te sens pas prête ?

Audrey : Je... non je ne me je ne me sens pas vraiment prête, j'ai... pourtant, j'ai travaillé régulièrement toute l'année euh... j'ai été vraiment sérieuse et euh savoir que je vais être jugée sur une une épreuve comme ça prise au hasard sur un sujet, ça me... ça me rend malade, franchement malade.

Léo : Oui, mais c'est qu'une épreuve après tout.

Audrey : C'est qu'une épreuve mais si je veux accéder euh à l'année supérieure, qu'est-ce que tu veux, faut que j'y passe.

Léo : Écoute Audrey déjà tu stresses sur une épreuve, imagine si y avait eu le contrôle continu.

Audrey : Mais...

Léo : Tout le temps.

Audrey : Ouais.

Léo : T'aurais stressé.

Audrey : J'aurais j'aurais préféré, je vais te dire franchement.

Léo : Comment aurais-tu...

Audrey : J'aurais préféré, je pense que je l'aurais beaucoup mieux géré. Au niveau du temps là, j'ai pas su m'organiser, moi j'ai- j'aime pas du tout cette formule.

Léo : Ça te déboussole l'examen final ?

Audrey : Oui. Sérieusement.

Léo : Écoute l'examen final, ce qui est bien c'est que tu euh comme je te le disais un peu auparavant, tu peux travailler un peu à côté, tu es très autonome, tu tu travailles à ton rythme.

Audrey : Ouais.

Léo : Reprends-toi, ne t'inquiète pas, c'est pas quelque chose euh qui va te perdre, au contraire, si tu as travaillé régulièrement comme tu le dis, tu devrais réussir.

Audrey : Ouais, ben écoute, on verra...

Léo : Mais t'inquiète pas, faut que tu... faut que tu aies confiance en toi et je pense que tu arriveras très bien.

Audrey : Ben, je passerai te voir la veille.

Léo : On ira prendre un pot tranquillement.

Audrey : D'accord.

unité 2 — Les mots et les dictionnaires

A ...... Les dictionnaires monolingues ....

Séquence 1 - Un outil d'apprentissage

Josette Rey-Debove : Je pense que c'est une coutume assez récente d'employer des dictionnaires monolingues euh pour une langue d'apprentissage étrangère et que c'est une assez bonne habitude, mais elle a été rendue possible par des informations euh absolument nécessaires qui manquaient autrefois, par exemple, la prononciation hein, la transcription phonétique des mots, a permis aux étrangers de se faire une idée du mot oral et et non pas seulement de connaître le mot écrit, ce qui est tout à fait insuffisant. Donc, il y a dans les dictionnaires modernes monolingues des informations qui sont particulièrement utiles aux étrangers. Par exemple, quand vous donnez la prononciation de *femme* pour un fran- un francophone, un Francais c'est complètement inutile, à trois ans un enfant sait comment on prononce *femme*. Mais l'étudiant étranger de première année, peut–être qu'il va faire une faute. Donc, il y a là une prononciation pour tous les mots, c'est important.

Il y a aussi de la grammaire. Il y a des niveaux de langue, c'est-à-dire qu'on ne confond pas le langage neutre, le langage familier, le langage très familier, le langage populaire, le langage vulgaire, vous voyez il y a des nuances et de l'autre côté, au contraire, le langage soutenu, recherché hein, un peu académique euh qu'on ne n'emploie pas dans la conversation courante, qui est plutôt pour les conférences, pour ce... pour ce genre de choses. Bon donc, il y a les niveaux de langue, il y a ce qu'on appelle la phraséologie c'est-à-dire des exemples nombreux, qui montrent comment le mot est employé et ces exemples sont intéressants dans la mesure où ce sont les expressions les plus courantes où figure le mot donc ce sont en même temps des lieux communs et euh le le dictionnaire de langue comme *Le Robert* donne aussi de la littérature française, ce qui est utile pour un étudiant étranger qui n'est pas toujours familiarisé avec tous les auteurs. Il connaît les grands classiques mais ça lui permet d'avoir accès à à des auteurs plus modernes et euh de d'éventuellement s'en servir pour les lire et et compléter sa formation littéraire, donc il y a toutes ces raisons.

Séquence 2 - Les mots qui posent des problèmes

Oui, il y a des mots qui posent des problèmes en France euh actuellement. Euh autrefois, en dix-neuf cent soixante-sept, lorsque le premier *Petit Robert* est sorti, ce qui posait le plus de questions, c'étaient les mots de la sexualité et les mots euh considérés comme vulgaires, par exemple, *con* et *connerie* n'étaient pas dans le premier *Petit Robert*. Mais aujourd'hui, les choses ayant évolué comme vous le savez et la sexualité passant beaucoup mieux dans la société, il y a toujours des difficultés d'ordre politique euh idéologique, notamment des problèmes raciaux. Il faut euh lutter pour faire comprendre aux ligues, par exemple, aux ligues antiracistes, que si l'on met *youpin* dans un dictionnaire de langue, c'est pas parce qu'on est antisémite, c'est parce que le mot s'emploie et ça, c'est très difficile à faire comprendre. On est donc obligé... on est tenu par ces ligues, de... euh mettre devant le mot "injure raciste" hein, c'est un moyen de pouvoir signaler le mot, tout en se distançant évidemment de son contenu qui est ignoble hein, mais le lexicographe malheureusement ne fait pas de morale, il relève tous les mots euh et les pires idéologiquement hein, les pires. Donc, la plupart de nos problèmes viennent des prob- des questions idéologiques, racisme, politique, immigration aussi.

Séquence 3 - Les mots qui changent

Oui, parce que les mots n'évoluent pas seulement en fonction de la société, ils évoluent aussi euh tout seuls en tant que substance du langage. Les prononciations changent, les manières d'écrire changent et ça ça n'a pas de relation avec les choses que les mots désignent. On s'est aperçu par exemple que les prononciations du français avaient changé. Non pas que (qu'elle) qu'il est arrivé des accidents à quelques mots, ce qui serait... ce qui est normal dans l'histoire d'une langue, mais que des règles de prononciation avaient changé en vingt-cinq ans. Par exemple, que le *e* caduc, celui qu'on ne prononce pas d'habitude euh commençait à être prononcé. On entend beaucoup plus maintenant *revenir* euh *rejeter* vous voyez, autrefois on disait *rej'ter*, on disait des *ch'veux*, c'était *ch'veux*, c'était la seule prononciation normale pour *cheveux*. Pour *cheveux* maintenant... hein *vous avez de très beaux cheveux* maintenant dit le coiffeur, alors qu'autrefois c'était des *ch'veux*, il y a avait une seule syllabe. Bon, pour vous indiquer qu'il y a des des règles vraiment qui ont changé. Ensuite, la formation des mots a changé.
Il y a aussi euh des mots qui sont construits à partir de sigles. Ça c'est devenu très courant depuis que les sigles sont très courants. Vous savez que c'est un peu dans toutes les langues européennes, le sigle a pris beaucoup d'importance. Est-ce que c'est pour parler plus vite ? Je ne sais pas. Est-ce que c'est pour cacher les choses dont on parle ? Enfin, le sigle est devenu très important et on dérive sur des sigles. C'est-à dire sur la BD, par exemple,

la bande dessinée, on on parle de *bédéphile*, celui qui aime la bande dessinée hein. Sur E N A, l'École Nationale d'Administration, que l'on prononce l'*Éna* maintenant, on a fait les *énarques* ceux qui sortent de L'École Nationale d'Administration et l'*énarchie,* etc., c'est devenu un procédé tout à fait normal. Je ne parle même pas, enfin pas trop longtemps, des mots tronqués, c'est-à-dire tous ces mots dont on ne donne que la première partie et qui sont pour certains très familiers, mais pour d'autres pas du tout. Par exemple, *cinéma* bien sûr est un mot abrégé de *cinématographe* et c'est le seul mot normal, cinématographe ferait rire tout le monde hein, ça ne se dit pas, ça peut s'écrire à la rigueur. Mais vous avez aussi du familier, vous avez *mob'* pour mobylette hein, vous avez *mat'* pour matin, *petit déj'* pour petit déjeuner euh ce sont des formations tout à fait courantes. Alors, voilà pour la composition.

Séquence 4 - Promenade d'un mot à l'autre

Int. : Quelle est la meilleure façon d'utiliser votre dictionnaire ?
Josette Rey-Debove : Oh ! ça, c'est une terrible question ! Moi, je dirais c'est de le lire comme un roman, parce que euh consulter c'est amusant, c'est utile, bien sûr, c'est fonctionnel, mais euh c'est aussi arbitraire, vous vous allez pêcher une information et puis vous refermez le livre. Tandis que si vous lisez une page à la suite, avec le changement des mots qui en général n'ont rien à voir ensemble, puisque c'est l'ordre alphabétique et que vous avez toute toute cette masse de texte et que vous la lisez euh vous allez vous distraire vraiment, parce que vous allez être promenée d'un endroit à un autre, d'une manière à la fois euh b- b-brutale, douce, anarchique, organisée, enfin toutes sortes de manières et euh vous allez voir se dérouler un univers. C'est-à-dire le plaisir du métier de lexicographe, c'est que lui-même travaille comme ça, travaille par ordre alphabétique et alors son univers change tous les jours, c'est absolument extraordinaire.

B .... Les dictionnaires bilingues ....

Alain Duval : La première partie de la rédaction de l'article consiste à déterminer les catégories grammaticales du mot que l'on va décrire.
Avant de parler de *passer*, qui est un article long, complexe, on va prendre un mot plus simple, le mot *patient*, par exemple. Eh bien, il y a deux catégories grammaticales dans le mot *patient*, l'adjectif "être patient avec ses élèves ou avec son professeur" et le nom "le patient d'un médecin" "le médecin et ses patients", là, c'est simple.
Dans le cas d'un verbe, c'est beaucoup plus compliqué. Le verbe *passer* est soit un verbe transitif, soit un verbe intransitif, soit un verbe pronominal, selon les catégories traditionnelles de la grammaire. Donc une pre-

mière structuration de l'article va consister à déterminer ces trois catégories.

Ensuite, à l'intérieur de chaque catégorie, le lexicographe monolingue francophone va déterminer les différents sens du mot.

Prenons le verbe *passer* transitif et bien on peut "passer un examen", on peut "passer un vêtement", on peut "passer un caprice à un enfant", à chaque fois pour ces exemples qui exigent une traduction différente, il y aura

une petite étiquette, un petit mot qui permettra à l'étudiant de se repérer.

Prenons le verbe *passer* intransitif, par exemple, eh bien "le café passe dans la cafetière", "la rivière passe sous un pont", "le film passe ce soir à la télévision", voilà des sens qui sont complètement différents et qui doivent nécessiter des traductions différentes.

Voilà donc en quelque sorte la première phase d'élaboration du dictionnaire.

unité 3 — La lecture

A — Lire pour apprendre

Séquence 1 - Diverses façons de lire

Emmanuel : L'importance de la lecture est pour moi, je dirais, primordiale, puisque c'est c'est c'est un travail qu'on peut faire personnellement et très régulièrement, je dirais dans n'importe quel n'importe n'importe quel moment n'importe quel lieu, puisqu'il suffit de prendre un journal, un livre de littérature ou (une) bande dessinée. Donc on peut avoir accès à beaucoup de sources d'information, qui vont nous permettre de de comprendre, je dirais, la langue dans l'utilisation quotidienne donc de bien s'imprégner de la culture et des différents euh aspects de la langue.

Vanessa : Oui, je lis beaucoup de de quotidiens. Je suis abonnée au *Times,* au *News Week*, je suis abonnée aussi à *El Pais*, ce qui m'oblige à à les lire régulièrement, sinon je les mets dans mon dans mon tiroir et puis je les sors plus. Alors dès qu'ils arrivent je je m'efforce de les lire.

Int. : Et vous les lisez comment, avec un dictionnaire, en prenant des notes ?

Vanessa : Euh au début je prends pas de dictionnaire, je m'efforce de lire une fois euh avec euh avec euh les mots que je comprends pas et euh selon le contexte j'essaye de trouver et si vraiment je comprends pas, je prends le dictionnaire. Mais sinon, j'essaye de j'essaye de voir avec le contexte.

Maud : Je sélectionne les articles qui m'intéressent et puis donc je lis pas les journaux euh en entier, hein, je lis uniquement les sujets qui m'intéressent et puis euh après, je me fais des enfin des petits dossiers, ou euh ce genre de choses et puis bon, ça peut me servir après pour des exposés.

Odette : En lisant, je prends rarement des des notes, je prends des notes lorsque je lis un livre sur lequel je je je dois travailler, bien entendu, mais euh disons que j'évite, parce que je n'aime pas être arrêtée dans dans dans

ma lecture. J'essaye de de de comprendre, d'imaginer, même s'il y a des mots euh sur lesquels je je bute. J'essaye après euh au fil de des lignes, au fil de de la lecture, d'essayer de de comprendre, je je préfère deviner les mots, plutôt que de de rechercher un un un sens précis dans le dictionnaire. Parfois c'est c'est inévitable hein, c'est sûr, mais ça ça ça ne me plaît pas comme comme méthode de de de travailler continuellement avec un dictionnaire, parce que la lecture ça ça doit être avant tout un un plaisir.

Séquence 2 - Préférences personnelles et conseils de lecture

Int. : Quels sont vos auteurs francophones favoris ?

Odette : En fait, au niveau des des des auteurs francophones euh moi je m'intéresse vraiment à toutes sortes d'auteurs. Je je lis vraiment de toutes les époques et euh en ce moment, j'ai une prédilection pour un auteur contemporain qui s'appelle Cavanna et euh en fait, ces ces ces lectures me touchent parce qu'il décrit son enfance, son adolescence euh dans un endroit très pré- très précis en région parisienne et il se trouve que c'est l'endroit où j'ai vécu moi aussi, où j'ai grandi donc il y a une espèce de de référence et j'aime bien aussi son écriture, parce que c'est très euh très populaire, on retrouve des vieilles expressions françaises et...

Nedjma : Moi j'aime beaucoup Rimbaud Rimbaud, Balzac, j'aime beaucoup... Euh qui d'autre ? Ben Zola, certains, pas tous.

Léo : Un livre qui m'a plu particulièrement euh c'est *Madame Bovary* de Gustave Flaubert, euh. J'aime beaucoup j'aime beaucoup l'histoire de cette dame et j'aimerais rencontrer une Madame Bovary aussi.

Ramata : Alors, mes auteurs francophones favoris sont surtout Camus euh Maupassant, Stendhal.

Vanessa : Alors, je conseillerais aux étudiants étrangers de lire euh Marcel Pagnol. C'est un auteur qui se lit assez facilement euh il y a des livres qui sont courts et assez euh assez intéressants et faciles à lire.

Sylvain : Des des livres plutôt simples sur le plan syntaxique et des des livres très poétiques, par exemple Gérard de Nerval ou Paul Éluard, ou peut-être certains poèmes d'Apollinaire, à la fois drôles et qui qui donnent une idée de la langue et qui en- qui entraînent dans leur sillage. C'est... ce ce sont des livres euh enfin, quand quand quand on lit ces livres, le plus souvent, c'est après les avoir lus que l'on s'aperçoit des progrès que l'on a effectivement réalisés. C'est c'est un petit peu comme quand on a dévoré trois ou quatre romans d'espionnage d'une... en anglais, ou que qu'après coup, lors d'une discussion fortuite avec quelqu'un dans dans le train, par exemple, on s'aperçoit qu'on peut réu- réutiliser des expressions que l'on n'a pas fixées sur le moment.

Anaïck : Euh quand je suis allée en Écosse, également euh j'ai remarqué que les étudiants aimaient beaucoup Prévert. Ils étudiaient avec leur professeur de littérature justement cet auteur et euh ils adoraient ces... cet auteur parce que c'est un langage assez simple, c'est u- un niveau de langue assez simple et c'est très poétique. Il y a beaucoup de sentiments à l'intérieur de ces poèmes et euh d'ailleurs ils me enfin, ils m'ont donné envie d'acheter ce livre. Bon, j'ai pas trop eu le temps de le regarder jusqu'à présent, mais euh j'ai regardé... j'ai lu deux trois poèmes et c'est vrai que il y a quelque chose qui ressort de ce livre.

Patrice : Tout ce qui est policier ou ou euh épouvante aussi, c'est marrant, ça occupe.

Audrey : Euh si j'avais à conseiller des bandes dessinées, je conseillerais des des des bandes dessinées qu'on peut nommer assez basiques, comme *Tintin* ou euh *Astérix*, c'est des ce sont des choses ce sont des bandes dessinées qui emploient un vocabulaire assez simple à à comprendre.

Emmanuel : Disons que moi j'ai eu l'occasion de lire euh des bandes dessinées en anglais, entre autres *Astérix* donc, de Goscinny et pour moi c'était euh je dirais connaissant la la la traduction française c'était un aspect beaucoup plus très intéressant pour aborder le la langue étrangère puisque ça je dirais, c'est un moyen assez ludique pour pouvoir euh comprendre cette... je dirais les différents mots, les différentes utilisations, les mots par rapport aux situations évoquées.

Séquence 3 - Souvenirs de lecture

Ramata : Mes parents me lisaient pas trop d'histoires quand j'étais petite, mais ma grand-mère le faisait euh.

Int. : Quel genre d'histoires est-ce qu'elle vous lisait ?

Ramata : Euh c'étaient des petites histoires, la Comtesse de Ségur, des choses comme ça, les les contes d'Andersen,

les contes de Grimm, mais même même m- ma maman ma mère m'achetait beaucoup de livres, ouais Bibliothèque verte, Bibliothèque rose*, tout ça.

Nedjma : Euh mes parents pas trop, mais mais mes sœurs ouais, mes sœurs enfin c'était parce que j'ai des grandes sœurs et euh c'étaient plutôt des choses classiques, *Cendrillon*, *Blanche-Neige* euh et les *Bambi* et les euh enfin tout ce qui est euh tout ce qui fait partie du domaine de l'enfance.

Int. : Et quel souvenir en gardez-vous ?

Nedjma : Oh ! excellent. C'est c'est c'est c'est de la magie, c'est c'est féerique, c'est ça ça éveille ça éveille l'enfant, ça éveille. C'est c'est je crois je crois qu'il faut il faut constamment éveiller euh éveiller les sens des enfants, il faut il faut les intéresser, il faut les les les faire participer aux choses.

B .... **Il était une fois...** ....

Christèle : *Il était une fois trois petits cochons**. Ils grandirent si vite qu'un jour leur maman leur dit : "Maintenant vous êtes trop grands pour habiter ici. Vous devez construire chacun votre maison, mais faites bien attention que le loup ne vous attrape pas."*

Manon : Par les poils de mon menton.

Christèle : *Les trois petits cochons partirent en disant : "Nous te promettons de faire attention et le loup ne nous attrapera pas."*
Le premier petit cochon construisit sa maison en paille. Il en était très fier. Il pensa : "Ainsi, le loup ne m'attrapera pas et ne me mangera pas."
"Je vais construire une maison plus solide que la tienne" dit le deuxième petit cochon.
"Je vais construire une maison plus solide que la tienne" dit aussi le troisième petit cochon.
Le deuxième petit cochon et le troisième petit cochon continuèrent leur chemin.
Le deuxième petit cochon construisit sa maison en bois. Elle était plus solide que la maison en paille.
Le deuxième petit cochon était très fier de sa maison. Il pensa : "Ainsi, le loup ne m'attrapera pas et ne me mangera pas."
Alors le troisième petit cochon construisit sa maison en briques. Cela lui prit du temps car c'était une maison très solide.
Le troisième petit cochon était très fier de sa maison. Il pensa : "Ainsi, le loup ne m'attrapera pas et ne me mangera pas."

Manon : Non !

Christèle : *Le lendemain, le loup se rendit à la maison de paille que le premier petit cochon avait construite. Il frappa à la porte et dit : "Petit cochon, petit cochon, laisse-moi entrer."*
Et le petit cochon répondit : "Non, non et non, par..."

---

* Collections pour enfants. ** Le texte lu ici est tiré de : *Les trois petits cochons* (Mes contes préférés), Ladybird Books Ltd, 1989.

Manon : Par les poils de mon menton !

Christèle : *"Par ma queue en tire-bouchon, tu n'entreras pas !"*

Manon : Par les poils de mon menton.

Christèle : *"Alors je ferai ouf et pouf et ta maison s'envolera"* dit le loup.

Manon : Non !

Christèle : *Le loup souffla et souffla encore et encore. La maison en paille s'écroula et le loup mangea le premier petit cochon.*

Manon : Il va pas le manger.

Christèle : Si, il l'a mangé.

Manon : Non, il va pas le manger.

Christèle : *Le lendemain, le loup continua son chemin. Il arriva à la maison en bois du deuxième petit cochon. Le loup frappa à la porte et dit : "Petit cochon, petit cochon, laisse-moi entrer."*
Et le deuxième petit cochon dit : "Non, non et non, par ma queue en tire-bouchon, tu n'entreras pas !"

Manon : Par les poils de mon menton.

Christèle : *"Alors je ferai ouf et pouf et ta maison s'envolera" dit le loup.*

Manon : Non !

Christèle : *La maison en bois s'écroula et le loup mangea le deuxième petit cochon.*

Manon : Non, il a... il va pas le manger !

Christèle : Si, il a un gros ventre, il l'a mangé, regarde t(u) as vu.

Manon : Oui.

Christèle : *Le lendemain, le loup continua encore son chemin. Il arriva à la maison en briques du troisième petit cochon. Le loup frappa à la porte et dit : "Petit cochon, petit cochon, laisse-moi entrer."*

Manon : Il ne parle, il ne parle pas fort ? Non.

Christèle : *Et le petit cochon dit : "Non, non et non, par ma queue en tire-bouchon, tu n'entreras pas !"*

Manon : Par les poils de mon menton !

Christèle : *"Alors je ferai ouf et pouf et ta maison s'envolera" dit le loup.*
Le loup souffla et souffla encore et encore. Mais la maison en briques ne s'écroula pas.
Le loup était très en colère, mais ne le montra pas. Il pensa : "Ce petit cochon est très malin."

Manon : Oui, il est très malin.

Christèle : *Quand le loup s'aperçut que le petit cochon s'était encore moqué de lui, il fut très très en colère.*

Manon : Oui.

Christèle : *Il frappa à la porte du petit cochon. "Petit cochon," dit-il, "je vais descendre par ta cheminée et je vais t'attraper !"*

Manon : Non.

Christèle : *Le petit cochon avait très peur, mais il ne dit rien. Il mit un gros chaudron d'eau à bouillir sur le feu.*

Manon : Oui.

Christèle : *Le loup grimpa sur le toit et se laissa glisser par la cheminée.*
Mais il n'y avait pas de couvercle sur le chaudron et le loup tomba dedans avec un grand "Plouf." C'en était fini du loup.
Le troisième petit cochon était décidément plus malin que lui.

---

unité 4 — Les nouvelles technologies

Séquence 1 - L'Université de Marne-la-Vallée

Daniel Laurent (Président) : L'université a été créée en euh... juridiquement, en dix-neuf cent quatre-vingt-onze, mais nous avons ouvert les portes de l'université en sep- en septembre mille neuf cent quatre-vingt-neuf. Elle a commencé à fonctionner dans le cadre d'un accord que nous avions avec une université du centre de Paris. Alors, nous sommes implantés, comme vous avez pu vous en rendre compte, dans l'Est parisien euh dans une zone en pleine expansion démographique. Nous sommes pas très... pas situés très loin de d'EuroDisney, de Mickey en quelque sorte et près des aérodro- des aéroports de Roissy et d'Orly et nous accueillons des étudiants qui sont dans leur très grande majorité domiciliés dans l'Est parisien donc il y a un phénomène de proximité qui joue et les étudiants préfèrent venir... qui habitent dans l'Est parisien, préfèrent venir à Marne-la-Vallée que se déplacer jusqu'aux universités du centre de Paris.

Alors, nous comptons au cours des prochaines années accueillir environ huit mille étudiants, c'est-à-dire nous allons doubler notre capacité d'accueil, pour passer de quatre mille à huit mille étudiants.

Nous serons implantés euh ici, là où vous êtes actuellement, mais également à euh quelques centaines de mètres de ce lieu, dans un endroit qui est merveilleusement situé, qui est dénommé la cité Descartes, du nom du grand philosophe français du 17e siècle et euh quand elle sera terminée, nous espérons que les étudiants... nous aurons donc environ huit mille étudiants, qui se répartiront harmonieusement dans différentes formations et dans une... un lieu qui est fort agréable.

Nous avons également la volonté d'utiliser au mieux toutes les technologies (et) les plus récentes en matière d'enseignement. Mais je pense que là il faut... il ne faut pas penser que les technologies supplanteront les enseign- les enseignants. En fait, les nouvelles technologies facilitent la... le métier d'enseignant, car c'est un moyen de d'aller à l'essentiel et l'essentiel c'est de faire passer un peu de la communication à l'enseignement, c'est de faire passer un message aux étudiants et pour faire passer ce message, il est bon d'utiliser les moyens modernes, que ce soit la télévision, que ce soit l'utilisation de diapositives, de *slides*, de... et de le faire à distance. Alors, c'est ce que nous faisons ici, puisque un cours d'informatique dispensé à Marne-la-Vallée, dans notre université, est transmis à deux cents... à cent cinquante kilomètres d'ici, au sein de l'université de Reims.

Séquence 2 - Le centre de visioconférence

Catherine Fabreguette : L'endroit où nous sommes est un dispositif euh assez sophistiqué de visioconférence et avec ce système euh nous allons très prochainement euh avoir des échanges avec des universités américaines euh avec qui nous avons par ailleurs des accords de coopération. Donc, ce que nous allons faire, ce que nous envisageons, c'est de demander à des enseignants euh américains euh de faire des conférences à des petits groupes d'étudiants de l'université de Marne-la-Vallée, des conférences qui seront dans leur spécialité donc, en mathématiques, ou en informatique, ou en sciences économiques et à ce moment-là euh les étudiants, d'une part euh assisteront à cette conférence et pourront dialoguer avec ces spécialistes directement en anglais, ou alors, ils pourront ensuite ré-écouter euh la cassette et travailler avec leurs enseignants de langue sur l'aspect justement de langue étrangère. Donc là, je vous ai parlé de euh de cassettes euh enfin de d'échanges avec des universités américaines, mais nous ferons la même chose euh avec des universités allemandes euh puisque ces universités sont déjà en train de s'équiper de dispositifs de visioconférence donc nous aurons aussi des échanges avec euh l'Allemagne et euh plus tard, mais là sans doute dans un avenir plus lointain euh nous pourrons faire la même chose euh avec le Japon.

Séquence 3 - Un exemple de CD-Rom

Monitrice : Le CD-Rom que je vais te présenter, c'est le CD-Rom édité par *Le Monde* : "Deux cents personnalités de la politique internationale", en fait, tu vois, c'est un CD-Rom qui a été édité par l'INA, qui est l'Institut National de l'Audiovisuel. Dans ce CD-Rom, tu peux accéder à différentes biographies de personnalités politiques mondiales. Soit tu tu accèdes par un index des personnalités, ou alors tu utilises euh l'in- l'index pagéographique. Donc, quand tu cliqueras sur un continent, tu auras ton index qui va diminuer (et) qui va se limiter aux personnalités de ce continent.

Étudiante : Bon d'accord.

Monitrice : Tu peux aussi cliquer sur une période chronologique et donc, quand tu cliqueras sur les années cinquante, soixante, soixante-dix, quatre-vingts, quatre-vingt-dix, puisque le CD-Rom va de Yalta à nos jours, tu... ton index diminuera également et tu obtiendras les personnalités qui correspondent à l'époque que tu désires.

Étudiante : D'abord euh si je désire, par exemple, des renseignements sur de Gaulle.

Monitrice : Donc, si tu désires des des renseignements sur de Gaulle, je clique sur l'Europe, comme tu t'en aperçois.

Étudiante : D'accord.

Monitrice : Et ensuite, bon, je je te montre et tu le feras tout à l'heure hein. Donc, on va... on cliquera, par exemple, les années soixante. Tout se- tout marche avec la souris, on utilise... on cherche de Gaulle, on prend Charles de Gaulle et là, on obtiendra en première page une sorte de biographie de Charles de Gaulle. Ensuite, comme tu peux t'en apercevoir, on obtiendra différentes fenêtres, qui se trouvent ici à droite, des fenêtres qui représentent des radios, avec des dates en dessous, ce sont les discours radiophoniques de Charles de Gaulle.

Étudiante : Et on peut entendre un de ces discours ?

Monitrice : Oui, on peut obtenir... donc, il suffira de cliquer sur la fenêtre que... de l'année qui t'intéresse et tu obtiendras le discours de Charles de Gaulle. Donc, on peut essayer, on prend la petite radio en mille neuf cent soixante-sept, il suffira de cliquer deux fois sur la souris, une fenêtre s'ouvre, je mets le son en route "Vive le Québec (*vivats, applaudissements*), vive le Québec libre (*vivats, applaudissements*)". Donc, pour arrêter, il suffira de cliquer sur ce petit bouton-là, éventuellement de fermer cette fenêtre et pour changer, tu peux obtenir donc des articles du *Monde*, des images cinématographiques et tu pourras revenir à l'index en cliquant sur index tout simplement euh je te laisse faire. Si dans l'avenir tu as besoin de mes conseils ou de mon aide, eh ben n'hésite pas euh à me contacter et puis je serai à ta disposition.

Étudiante : D'accord, merci bien.

unité 5

Le financement des études

Séquence 1 - Le travail de Malik

Malik : Bonjour, je m'appelle Malik, j'ai dix-neuf ans, je suis étudiant à Paris en sciences économiques, je travaille ici pour essentiellement financer mes études, voilà. Alors, je travaille à Burger King depuis environ neuf mois, je fais à peu près environ quinze à vingt heures par semaine. Je préfère travailler le soir, ça m'avantage par rapport à mes études, je suis étudiant le matin et le soir je suis libre pour ça. J'ai choisi de travailler à Burger King, premièrement parce que c'est proche de chez moi et deuxièmement parce que j'avais besoin de financer mes études, j'étais étudiant et voilà. Les tarifs horaires à Burger King sont très variables, ça dépend du poste qu'on euh qu'on emploie et euh en ce qui me concerne, c'est environ euh trente francs de l'heure. Alors, mon travail, comme je suis employé polyvalent, consiste... est très varié en fait, je peux je peux très bien être en caisse, comme en cuisine, ou en salle, selon les heures de pointe euh ou y a du monde ou pas, ça varie. Alors, les avantages euh que ça m'apporte de travailler ici, premièrement, c'est euh c'est de financer mes études comme je suis étudiant, deuxièmement, c'est euh ça me permet de de lier des des amitiés avec des personnes que je connaissais pas avant et euh comme inconvénient, je dirais que euh à part les transports, le centre n'est pas très bien desservi, c'est tout, mais bon, dans l'ensemble c'est bien.

Séquence 2 - Les bourses et les petits boulots

Vanessa : Je suis boursière depuis le mois de d'octobre euh je reçois euh ma... une somme tous tous les mois.

Int. : C'est une somme qui s'élève à combien ?

Vanessa : À mille cinq c- je reçois mille cinq cents francs par mois euh parce que mes parents viennent juste de divorcer et ma mère est seule avec quatre enfants. Donc, chaque chaque famille en difficulté a en général des bourses, en général.

Int. : Et est-ce que cette somme d'argent vous suffit ou est-ce que vous avez besoin de travailler à côté ?

Vanessa : Euh mille cinq cents francs par mois pour une étudiante c'est euh relativement suffisant, en tout cas pour moi ça m- ça me suffit euh. Ça m'empêche pas de travailler à côté, je fais... euh je garde les enfants le mercredi, je suis animatrice en centre aéré.

Odette : Pour mes études euh au départ, au lycée, je recevais déjà une bourse, qui ensuite euh ne m'a pas été octroyée les premières années d'université euh parce que, au départ la bourse se calcule sur des critères sociaux et ensuite à partir d'un cer- certain niveau euh les les les diplômes qui sont qui sont cumulés euh jouent également euh donc, plus on va loin dans les études et plus on a on a on a une une bourse qui est importante et plus on a de chances d'avoir cette bourse justement et donc, cette année, j'ai fait une une demande de de bourse et euh ça m'aide beaucoup, je reçois donc une une somme d'argent tous les mois venant de l'État.

Int. : Donc, vous n'avez pas besoin de travailler ?

Odette : Je travaille aussi parallèlement, parce que je reverse cette bourse à mes parents pour les pour les aider et aussi parce que j'estime que je me dois de les aider, parce qu'ils m'ont permis quand même de de de débuter, enfin d'aller à l'université, les deux premières années. Donc pour moi c'est un petit peu une façon de les remercier de de... que de leur verser une partie de cette bourse.

Annick : Mes parents tous les deux ont un travail sûr donc j'y ai pas droit.

Anaïck : J'en ai pas eu cette année, parce que j'ai redoublé un semestre et ils coupent carrément la bourse, ils l'annulent complètement lorsqu'on redouble. Alors que bon, ici, ça fonctionne par semestre et euh en fait, ils devraient couper la poire en deux, en fait, nous donner la moitié pour faire le semestre suivant et, en fait, j'ai plus rien du tout là et j'espère en avoir une pour l'année prochaine.

Hervé G. : J'ai un petit petit boulot c'est-à-dire que je suis initiateur en patinage artistique. J'entraîne des petits enfants a- euh deux fois par semaine. La saison est terminée malheureusement, je reprendrai qu'au mois de septembre et voilà, c'est c'est c'est intéressant, car le contact des enfants est très plaisant, m'apporte beaucoup et je pense leur a apporté beaucoup au niveau euh sportif, au niveau aussi contact humain, c'est c'est c'est amusant.

Éric : Oh ! ben, c'est des travaux euh tout bêtes, enfin, c'est soit manutentionnaire, sinon là je... en septembre, je travaillerai dans une boîte... euh une boîte d'assurances, en faisant de la saisie informatique, pendant un mois quoi. Sinon, en juillet, ben c'est manutentionnaire dans un dans un magasin d'alimentation.

Maud : Moi, je n'ai pas de bourse, je travaille en dehors des cours donc euh je fais des centres aérés avec des des enfants de six à huit ans, ou pendant les vacances je suis animatrice dans dans des centres de vacances un peu partout en France. Je je change d'endroit, en fait, c'est pas moi vraiment qui décide de l'endroit où je vais travailler, mais euh enfin, je me promène un petit peu en France.

Int. : Et vous faites ça tout l'été ?

Maud : Euh l'été oui, ou pendant les vacances de Pâques aussi, mais su- surtout l'été, pendant deux mois en juillet et août généralement, parce qu'ils ont besoin de beaucoup d'animateurs, donc euh généralement l'été.

Anaïck : Je travaille comme placeuse, ou comme ouvreuse, suivant le langage qu'on emploie, au Parc des Princes ou quelquefois à Bercy, où je conduis les les spectateurs à leur place. Bon, c'est soit pour un match, soit pour un concert, enfin, ça dépend des des festivités en fait et euh on est... nous sommes rémunérés au pourboire. On est déclaré une heure donc, à trente francs l'heure, à peu près le SMIC et euh donc voilà. Sinon, je travaille aussi, je fais un petit peu de baby-sitting donc comme beaucoup d'étudiants je crois, c'est un boulot de dépannage et je donne quelques cours, juste deux cours par semaine, à un garçon qui a quatorze ans, qui a des difficultés en français, voilà. Et je travaille aussi pendant les vacances, pour euh ben, j'essaie de trouver des petits jobs. Bon, j'ai déjà travaillé deux fois dans l'entreprise où travaille ma mère, à Nestlé Rowntree et euh autrement, pendant les vacances euh ben c'est tout quoi.

Patrice : En général, je travaille à l'université, pour les inscriptions, parce que je suis là depuis la deuxième année de création de la fac donc euh je suis bien implanté, je connais tout le monde, il y a pas trop de problèmes quoi. Ça permet d'aider les nouveaux qui arrivent, ça permet d'expliquer, ils s'adaptent assez facilement après, enfin, j'espère pour eux.

Séquence 3 - Le travail d'Audrey

Sylvain : Salut Audrey.

Audrey : Salut Sylvain.

Sylvain : Comment vas-tu ?

Audrey : Très bien, je suis contente de te voir. Ouais, c'est ici que je travaille depuis août et septembre.

Sylvain : Et tu tu fais quoi ici ?

Audrey : Ben, je vends des livres.

Sylvain : Tu vends des livres ?

Audrey : Mais surtout à destination des des professeurs qui viennent euh principalement pour des spécimens, ici.

Sylvain : Et euh c'est c'est quoi comme livres ? Enfin c'est...

Audrey : Que des livres pédagogiques. Donc, à destination scolaire et un petit peu de jeunesse.

Sylvain : Ah ! c'est pas mal hein ?

Audrey : C'est sympa, hein ouais ?

Sylvain : Et les gens sont comment ?

Audrey : Très agréables, y a aucun problème. Bon là, y a beaucoup d'affluence en ce moment, parce que c'est la rentrée scolaire, donc euh donc, les profs euh viennent se ravitailler, mais euh. Sinon, c'est vraiment très agréable.

Sylvain : Et vous faites rien d'autre que ça ?

Audrey : Si, un petit peu de jeunesse, à destination du grand public. Aussi. Ouais.

Sylvain : Et tu peux me montrer ?

Audrey : Ouais. Pas de problèmes, je te montre.

(...)

Audrey : Vous pouvez prendre un sac si vous voulez.

Cliente : Oui, merci beaucoup.

Audrey : Voilà.

Cliente : Merci beaucoup et je prends le catalogue, hein.

Audrey : Voilà et votre monnaie, voilà.

Cliente : Merci.

Audrey : Voilà. Au revoir.

Cliente : Au revoir Madame.

Audrey : Au revoir.

unité 6

Les projets professionnels

Séquence 1 - Ce qu'ils aimeraient faire

Emmanuel : Si tout était permis, j'aimerais bien avoir, je dirais une vie un peu de de vagabondages, si l'argent n'était pas n'était pas un problème mais on se trouve dans un monde économique, où l'argent régit bon, beaucoup de choses donc on doit gagner son propre argent et dans cette... dans ces conditions, je j'essaierai de me diriger vers ce que j'ai... vers ce que j'ai étudié donc c'est-à-dire les sciences économiques, donc essayer de travailler dans euh dans une entreprise dans un poste de de management, ou de marketing, ou de commercial.

Delphine : Si tout allait bien euh euh je je ferais de l'interprétariat, j'irais à l'école dans une école d'interprétariat pour être interprète.

Maud : Alors plus tard j'aimerais être guide touristique, c'est-à-dire euh emmener des des gens euh en voyage euh un peu partout en France ou à l'étranger, et puis euh leur montrer un petit peu euh ben tout toute la culture des pays.

Anaïck : Maintenant, je ne sais pas du tout ce que je ferai(s). Je bon, j'ai quelques espoirs. En fait, j'aimerais beaucoup euh êt- enfin, faire un travail, exercer une profession, qui ait un rapport avec les langues euh j'aimerais j'aimerais beaucoup avoir beaucoup de contacts avec

avec les gens, en fait pas pas travailler enfermée dans un bureau et rester assise toute la journée, voilà.

Annick : Et euh j'ai toujours beaucoup aimé les enfants, je suis quelqu'un qui... je pense, je suis assez patiente et euh ben le courant passe entre les enfants et moi, ce qui fait que... oui ça me ça me plairait bien de d'enseigner et de me dire que je peux être utile pour quelqu'un. Ça me ça me paraît bien de me dire que j'ai participé à l'éducation de quelqu'un et euh ouais, professeur ça me plairait bien.

Vanessa : Je me suis dit euh : "Comme j'aime beaucoup les langues, je vais me diriger un petit peu vers les langues" et euh, et depuis euh je crois que je vais rester définitivement dans les langues. J'aimerais être euh forfaitiste, ou en tout cas dans le dans le dans le tourisme euh.

Int. : Forfaitiste c'est-à-dire ?

Vanessa : Forfaitiste c'est-à-dire que ce... c'est un métier qui euh qui consiste en en préparer des voyages de A à Z c'est-à-dire euh vraiment de A à Z, faire de la publicité, faire euh la location des des hôtels, des chambres, préparer le circuit, préparer euh tous les tous les loisirs de ceux qui voudront participer à ce voyage et euh faire aussi euh le côté commercial, le côté euh budgétaire euh voilà, c'est de A... c'est c'est vraiment s'occuper de d'un voyage de A à Z, voilà.

Séquence 2 - Ce qu'ils auraient aimé faire

Maud : Alors, quand j'étais petite, j'aurais aimé être inspecteur de police, mais malheureusement je suis trop petite donc euh voilà. J'ai passé le concours de l'École de Police que j'ai réussi, mais j'ai été recalée euh parce qu'il me manquait deux centimètres.

Éric : Euh oui, ben quand j'étais petit euh j'aurais souhaité être astronome. J'aime beaucoup tout ce qui est euh aussi les étoiles euh scruter le ciel, ça ça m'aurait assez plu aussi ouais la physique.

Vanessa : Alors, quand j'étais enfant je voulais faire ophtalmologue, parce que euh j'avais des problèmes de vue et ma grand-mère aussi et à chaque fois que j'allais euh consulter l'ophtalmologue, je me disais : "Ah ! c'est intéressant comme métier c'est super !" et ma grand-mère qui avait des problèmes de vue me disait aussi : "Mais quand tu seras grande tu pourras me soigner, tu pourras me soigner", et depuis que je suis petite je voulais faire ophtalmologue. Seulement, quand j'ai grandi, j'ai vu un petit peu comment ça se passait la scolarité, tout ça et je me suis dit : "Oh là ! pour être ophtalmologue, il faut au moins dix ans de... il faut d'abord être médecin, après il faut être ophtalmologue, au moins dix ans d'études !", alors je me suis dit : "On va couper court à ça !".

Karine : Jusqu'à l'âge de quatorze ans, j'aurais voulu être pompier et puis ça faisait beaucoup rire toutes mes amies, parce que pompier c'est un métier pour les hommes, c'était pas pas du tout pour les femmes. Puis, à l'âge de quatorze ans, j'ai visité une une caserne et on m'a dit : "Oui on ne prend pas de femmes, sauf dans dans l'administration", alors j'étais très déçue et puis j'ai décidé de changer.

Emmanuel : J'aurais aimé me diriger vers des métiers de l'agriculture, puisque mes euh mes parents sont originaires de ce de ce milieu-là. Mais bon, très vite, j'ai compris les contraintes et les difficultés de ce métier donc je me suis dirigé vers les... vers un autre... vers une autre voie, qui est celle des sciences économiques.

Ramata : Alors, quand j'étais petite euh j'aurais surtout voulu être vétérinaire, parce que j'ai toujours été entourée de d'animaux euh de chiens de chats et euh j'adorais ça donc euh. Mais je je n'ai pas pu parce que parce que je n'avais pas le niveau nécessaire en mathématiques, ni en sciences physiques euh euh et puis j'étais surtout calée en francais et en langues donc, je me suis dirigée vers ça et puis bon j'ai découvert le journalisme donc euh voilà.

Int. : Quand vous étiez petite qu'est-ce que vous auriez aimé faire ?

Odette : Lorsque j'étais petite euh je crois que je changeais d'avis comme de chemise et euh euh comme tous les enfants d'ailleurs euh toutes les semaines j'avais un nouveau métier qui qui qui m'intéressait et ça, je crois que c'était l'influence de la télévision, l'influence des des des amis, qui disaient : "Ah ! ben, moi plus tard, je veux être ci", "Ah ! ben tiens, moi aussi je veux faire ça". Donc, quand j'étais petite je voulais être danseuse, après je voulais être euh institutrice euh euh qu'est-ce que j'ai voulu être encore ? euh chanteuse. Au départ, en fait, je crois que j'ai j'ai voulu surtout faire... j'étais très intéressée par tout ce qui était métiers artistiques et euh après je me suis orientée... enfin, j'ai voulu être médecin, parce que j'étais dans une période où euh où j'allais au catéchisme et j'étais influencée par Mère Teresa et compagnie et donc, je voulais faire euh une carrière dans tout ce qui était lié à la médecine, à la santé, enfin, je suis vraiment passée par tous les métiers, sans sans vraiment avoir de d'idée d'idée fixe.

Séquence 3 - Le conseiller d'orientation

Conseiller : Vous avez une idée de ce que vous de- vous voudriez faire plus tard ?

Virginie : Ben non justement. Donc, comme tout dépend de mon choix dès maintenant donc...

Conseiller : C'est vrai, c'est vrai, c'est vrai.

Virginie : Oui, mais tout ce qui est mathématiques, j'aime beaucoup.

Conseiller : L'utilisation des mathématiques.

Virginie : Voilà, c'est ça oui, j'aimerais allier justement les mathématiques à la à la littérature ou la la recherche.

Conseiller : Alors là on va vers la vers la gestion.

Virginie : Voilà.

Conseiller : Vers la gestion culturelle.

Virginie : Ouais.

Conseiller : Des choses comme ça.

Virginie : Ouais.

Conseiller : Hein, vous savez ce que c'est la gestion culturelle ?

Virginie : Un petit peu, mais bon...

Conseiller : C'est quoi ?

Virginie : Ben, gestion des des biens culturels.

Conseiller : Bon, par exemple, je sais pas, le Festival d'Avignon, y a bien des gestionnaires, hein, voilà un exemple. Bon, alors, ces gestionnaires, c'est soit des gens qui... des hommes de théâtre, qui auront fait... qui auront une habitude hein, de la gestion sur le terrain, soit des vrais gestionnaires, des économistes ou des euh... ou des gens qui ont fait une grande école de commerce et qui s'intéressent à la culture.

Virginie : Ouais, c'est c'est... ce genre de choses me tenterait un peu plus quand même.

unité 7 Profession : cinéaste

Int. (**James Steel**) : Et parmi vos nombreux films, parce que comme je l'ai dit, vous avez vous avez fait environ une quinzaine de de films, est-ce qu'il y a un film en particulier auquel vous êtes attaché ?

B. Tavernier : Oh ! y en a deux.

Int. : Y en a deux.

B. Tavernier : Y a deux ou trois, oui euh d'abord.

Int. : Est-ce que vous pouvez nous en parler ?

B. Tavernier : Oui, y a *Coup de torchon*, *Un dimanche à la campagne*, *La vie et rien d'autre* et et également euh euh les... ce que je considère comme deux films très liés dans les derniers, *L 627* et *L'appât*. Euh oui, ça, c'est les films euh j'ai je me sens... j'ai j'ai un rapport très fort avec ces films.

Séquence 1 - Une carrière de cinéaste

[*Elle* : C'est à qui tous ces trucs-là ?
Garçon 1 : C'est à nous.
Garçon 2 : C'est juste pour leur faire peur.
Bande annonce de *L'appât*]

B. Tavernier : Comment est-ce qu'on entre dans le circuit ? Euh moi, ça a été comment dire ? Pas par une école, c'est en allant au cinéma, en voyant des films, en essayant de rencontrer des gens, j'ai rencontré Jean-Pierre Melville et en... C'est d'abord par le e- en écrivant sur des films que j'ai j'ai connu des cinéastes et que je suis rentré petit à petit dans une équipe pour faire un boulot euh de stagiaire à la mise en scène, où j'ai été très mauvais, et après c'est par le biais de des relations publiques, en étant attaché de presse, que petit à petit, je suis rentré j'ai f- en gros, j'ai fait une dizaine de de de de métiers, j'ai fait beaucoup de métiers avant de devenir cinéaste.

Int. C'est ça, oui.

B. Tavernier : Et comment comment on le devient, eh bien, (il y a) des tas de manières. Il y a d'autres gens qui sortent des écoles, des gens qui deviennent euh assistant metteur en scène et et quant au financement des films, eh bien la plupart du temps, le financement des premiers films est une... est extrêmement difficile et je dois ajouter que ça continue souvent après.

Séquence 2 - Un point de vue français : l'Hexagone

[- Coupe.
- Hein c'est bien aussi... bon.
Tournage de L.627]

B. Tavernier : Ben, moi, je me concentre sur ce que je je je je connais euh je me concentre sur l'hexagone, oui, hein c'est déjà très dur de parler d'un hexagone, hein, ça a beaucoup de côtés euh c'est c'est oui et... mais je pense que si on touche de manière précise une situation euh française, nationale, voire locale, eh bien, on... ça a forcément des répercussions qui qui dépassent nos nos nos nos nos frontières.

Int. : Oh ! oui, tout à fait, c'est d'ailleurs pour ça, c'est comme ça qu'on peut expliquer le succès de certains de vos films en Grande-Bretagne.

B. Tavernier : Oui, oui.

Int. : Par exemple, malgré une situation, disons, française.

B. Tavernier : Oui, mais je veux, moi, je me sens un cinéaste français, même un cinéaste lyonnais, je me sens et et j'ai envie d'avoir un point de vue français sur ce que... euh sur ce que je montre.

Séquence 3 - Ce que Bertrand Tavernier souhaite faire

[- Mais ça marchait bien dans celle-là, ça marchait très très bien, mais fais attention, parce que sur une des précédentes t'étais vachement plus ferme, attention hein.
- Bon, prêt !
- Silence, s'il vous plaît.
- Je peux.
Tournage de L.627]

B. Tavernier : Et et quand je..., en effet, je m'attaque à un sujet, j'ai envie que ce soit une une... quand je veux que ce

............**150**............

sujet... que que le film ait un regard un peu critique, j'aime que cette critique vienne non pas de l'extérieur mais de l'intérieur. Ce qui m'intéresse, c'est d'utiliser des personnages qui font partie, par exemple, de l'institution que j'ai... que j'ai envie d'analyser, comme dans *La vie et rien d'autre* ou *L.627*. Des gens qui, en fait, veulent bien faire leur boulot et parce qu'ils veulent bien faire leur boulot, avec une une vision morale de de ce travail, ils deviennent des empêcheurs de tourner en rond et et ils mettent en lumière toutes les contradictions du système. Je trouve ça beaucoup plus intéressant que de... que de critiquer ça à travers euh un personnage qui est contre cette institution.

Moi, j'ai eu envie de faire des films où le héros ne soit pas vanté en tant que héros, ne soit pas mis euh comment dire euh ne soit pas mis en avant, mais soit toujours intégré à à une collectivité euh. Ça a été le cas de *La vie et rien d'autre* c'est le cas de *L.627*, ne serait-ce que pour m'opposer à des stéréotypes qui s- qui qui qui maintenant euh... qui envahissent même le le le le le le cinéma français qui envahissent... c'est-à-dire c'est-à-dire, le héros est fabriqué, mais vraiment est fabriqué presque comme une image de pub, hein ?

Int. : Oui.

B. Tavernier : Et je pense que c'est important d'essayer d'aller contre ça, contre ça. Il est beaucoup plus fabriqué maintenant même qu'il l'était dans les années quarante, cinquante, soixante parce que les cinéastes, je pense les cinéastes américains se posaient plus de questions morales. Maintenant, ils s'en posent beaucoup, beaucoup moins et et et et je dirais aussi des scénaristes qui étaient souvent des gens euh tout à fait progressistes et libéraux c'est vrai que moi, j'aime bien, j'aime bien avoir... j'aime bien que que que les héros soient soient intégrés à un groupe, ne soient pas des gens qui qui viennent comme des sauveurs suprêmes euh rétablir une situation tout seuls. Ça c'est très clair dans *L.627* par exemple.

Int. : Oui

[- Tiens, tu signes en bas.
 (...)
 - T'as pas d'amis, t'as que des indices.
    ***Bande annonce** de L.627*]

B. Tavernier : J'ai de moins en moins d'idées préconçues en commençant un film. Je peux... je je ne sais plus très bien qui a tort et qui a raison. J'essaye et le but du film, c'est de le découvrir ou alors pour faire une chose comme ça, c'était... je me souviens d'une discussion avec Michael Powell, là-dessus, c'était... il disait toujours que c'est intéressant que le héros ait tort par moment et que le public ne le sache pas toujours ; c'est au... c'est au public de le sentir mais qu'on ne le... qu'on ne le souligne pas euh et dans *L.627*, moi, j'ai fait, par exemple euh j'ai j'ai écrit une scène où où le le héros euh cassait la gueule à un dealer arabe dans un... dans un commissariat, c'est lui qui faisait un acte de brutalité. D'habitude, ce n'est pas le héros qui fait ça, c'est quelqu'un à côté et le héros va pouvoir

exprimer un sentiment moral vis-à-vis de ça. Tandis que là, c'était intéressant de voir quelqu'un avoir tort, se livrer à un acte de brutalité et en avoir honte.

Séquence 4 - La mise en scène

[- Soixante-quatre sur une, cinquième.
 - Bon.
 - Partez.
 - Cécile ! Cécile ! Cécile !
    ***Tournage** de L.627*]

B. Tavernier : Oui, mais moi, pour moi, c'est dans les... dans... c'est c'est le le... j'ai un un principe vraiment, c'est que... d'arriver à ce que la mise en scène retrouve le rythme intérieur des personnages, soit calquée sur sur sur eux, cela a été le cas de *L.627*, ça a été cette frénésie que j'avais, ce sentiment d'inconfort, de plans pris complètement par hasard en soi et on était, c'est vrai, pour le filmer dans des... souvent dans des... dans des positions euh euh et dans des en- aussi aussi inconfortables qu'eux. De d'avoir ce sentiment où on est... on est pas sur le... on est pas sur un un... sur un terrain solide, n'est-ce pas et et j'ai eu ça dans *Capitaine Conan* aussi, tout le long... dans *Capitaine Conan* je voulais avoir l'énergie folle de Conan, qu'elle habite le film et que, par exemple, quand on soit sur un autre personnage, les choses soient plus calmes, plus retenues, plus euh euh... de... chaque fois qu'il y a Conan dans une scène, la caméra part avant Conan. Quand on est avec Norbert, on est on est plus au même rythme que lui.

Séquence 5 - Un travail d'équipe

[- Bon bon Claude, tu as vu les raccords sur Jean-Roger, surtout sur Jean-Roger hein.
    ***Tournage** de L.627*]

B. Tavernier : Le cinéma est un travail d'équipe... euh c'est un travail d'équipe, où un auteur doit faire euh en-entendre sa voix grâce à la collaboration de de d'un grand nombre de personnes et c'est ce qui est euh à la fois euh difficile, excitant et par- quelquefois épuisant. On parle tout le temps de la direction d'acteurs, mais je pense qu'y a aussi la direction de techniciens, ce qui s'apparente à la direction d'acteurs.

[- Alain.
 - Oui.
 - J'ai demandé le moteur... le moteur.
 - En place tout le monde s'il vous plaît.
 - Personne ne part avant "Partez" hein.
    ***Tournage** de L.627*]

B. Tavernier : Mais je pense que l'une des qualités d'un metteur en scène, c'est de savoir créer l'enthousiasme autour de lui et et et de f- d'obliger les gens qui sont autour, à leur donner ce qu'ils ont de mieux, c'est aussi ça la mise en scène et c'est aussi ça l'expression euh le le le c'est oui, l'e- l'expression cinématographique, c'est ça.

[- C'est bien aussi, bon.
- C'est mieux une dernière, une dernière, elle était mieux que la première ?
- Oui oui, beaucoup mieux.
- Très bien.

    Tournage de L.627]

B. Tavernier : On n'est pas plus créateur parce qu'on on a refusé un conseil, ou un avis, ou une idée, hein et on n'est pas moins, parce qu'on l'a accepté euh. Mais, ça, ça fait partie des des des approches euh euh tout à fait primaires de de la création. Un créateur, c'est quelqu'un qui décide tout de

A à Z euh c'est pas toujours vrai. C'est pas toujours vrai euh. La création, c'est quelque chose de plus, c'est plus secret que ça. C'est plus mystérieux. C'est c'est un travail plus obscur. C- euh euh avant le... avant le le le travail sur le le... sur le plateau euh on a pu... j'ai pu parler avec un chef-opérateur, avec un cadreur, on a pu même s'écrire, envoyer envoyer des mémos, voir des films ensemble donc donc, tout d'un coup, il va... il va y avoir un acte de de de de création mais dont les racines sont souvent ignorées des gens qui vont regarder un tournage euh moi, je je suis frappé par le côté tout à fait mystérieux de de de la cré- création.

unité 8 Profession : chercheur et écrivain

Séquence 1 - Itinéraire : des études au premier roman

Azouz Begag : Mon itinéraire a été relativement classique, puisque je suis arrivé au collège sans avoir jamais redoublé une classe et que une fois arrivé au collège je suis allé euh avec des copains qui étaient dans la même classe que moi en troisième, faire un bac électrotechnique dans un lycée technique, non pas parce que j'aimais l'électricité, mais parce que mes copains allaient faire cette cette discipline. Alors, je suis allé euh au lycée, j'ai eu un bac trois ans après, é- électrotechnique et finalement a- a- une fois que j'ai eu le bac, je me suis demandé ce que j'allais faire. Comme deux ou trois copains de ma classe allaient faire un BTS de technico-commercial, je suis aussi allé faire ça. Deux ans plus tard, j'avais un brevet de technicien euh commercial et encore une fois je ne savais pas quoi faire. Alors, je me suis décidé pour entrer à l'université et c'est comme ça que j'ai rejoint le département de sciences éco-nomiques de l'Université de Lyon II et que j'ai fait une thèse en sciences économiques, que j'ai soutenue en mille neuf cent quatre-vingt-quatre, à l'Université de Lyon II, sur le thème des transports des quartiers en difficulté. Avec l'électricité, l'électrotechnique au lycée et l'écono-mie, la science économique à l'Université, j'avais donc préparé euh une vie assez technique, très classique et qui correspondait au désir de nos parents de nous voir acqué-rir des métiers de savoir-faire technique, pour pouvoir les négocier ensuite une fois rentrés au pays. Mais malgré tout, j'avais la très intime sensation que j'avais autre chose à dire dans la vie, autre chose à écrire et c'est cette fibre littéraire qui était en moi, qui demandait à s'exprimer et c'est comme ça que, en mille neuf cent quatre-vingt-six, alors que j'avais déjà été extrêmement impressionné deux ans auparavant par la sortie du livre de Mehdi Charef *Le thé au harem d'Archimède**, que j'ai commencé à avoir

* En fait, le titre du roman est *Le thé au harem d'Archi Ahmed,* celui du film est *Le thé au harem d'Archimède.*

l'idée d'écrire moi-même ma propre histoire, celle que j'avais vécue dans mon bidonville jusqu'à l'âge de douze ans, quelque part autour de Lyon et c'est ainsi que j'ai commencé mais d'une manière très libre, très décontrac-tée, à écrire, en fait le... comment j'avais fait, moi, parmi les deux cents gamins qui habitaient dans mon bidonvil-le, pour réussir, entre guillemets, dans l'école de France et comment j'avais fait pour en... pour m'en sortir. C'est comme ça que cette idée qui me tracassait l'esprit, a com-mencé à devenir un fil directeur pour écrire *Le Gone du Chaâba*, mon premier roman.

Séquence 2 - Écrire pour le plaisir

Je n'ai jamais annoncé officiellement, ni officieusement, ma décision de devenir écrivain, parce que je ne suis pas écrivain. Je suis... je n'aime pas ce mot, j'ai l'impression qu'il correspond pas à ce que je fais, je suis un... moi j'écris tous les matins, quand je peux, de six heures jus-qu'à neuf heures. Je me lève tôt, je suis un écrit-tôt, hein, je me définis comme ça, il y a des couche-tard, moi je suis un écrit-tôt. Par conséquent, je préfère me définir comme un écrit-tôt, plutôt que comme un écrivain.
Alors, moi je ne vis pas de mes livres. L'écriture est un tra-vail annexe. Mon premier travail, c'est chercheur au CNRS et c'est celui... c'est lui, en fait, qui me permet d'avoir la disposition d'esprit, l'indépendance d'esprit aussi, pour pouvoir, à chaque fois que j'écris un roman pour adulte ou pour enfant, de le faire dans des condi-tions les plus privilégiées qui soient, c'est-à-dire sans contraintes matérielles ni financières. J'écris pour prendre du plaisir, je n'écris pas pour manger, grâce à Dieu.

Séquence 3 - Les réactions de la critique

Alors la critique elle est très sympathique, surtout au début, avec *Le Gone du Chaâba*, mon premier roman, livre non misérabiliste, gai, humoristique, traitant de la condition douloureuse de l'enfant d'immigré. Pas de problèmes, une critique très louangeuse.

Alors, après, depuis cinq, six ans, ça devient hyperdifficile d'avoir des critiques, parce que les journalistes reçoivent tellement de livres et ils ont tellement pas de temps pour vous faire des papiers sur vos livres et en plus, ils sont tellement occupés à faire des papiers globalement hein, à faire des articles sur les grands seigneurs de la littérature française, boulevard Saint-Germain, boulevard Saint-Michel, qu'ils ont pas le temps de s'occuper des petits.

Séquence 4 - La profession de foi

Alors, le problème avec moi c'est que je suis plus qu'Algérien ; je suis né à Lyon et, par conséquent, de nationalité je suis français, alors, j'ai un passeport français et un passeport algérien, donc je suis hybride sur le plan de la nationalité. Cela dit, tout ce que j'ai vécu dans mon enfance, dans ce bidonville crasseux, de Lyon, a fortement influencé ce que j'écris. Mais c'est pas le fait d'être enfant d'immigré algérien qui m'a surtout influencé, c'est surtout d'être un enfant de prolétaire, un fils d'ouvrier, un fils de pauvre. C'est ça qui compte, au-delà du fait d'être fils d'Algérien, ou fils de Marocain, ou d'Italien, ou de Portugais, c'est qu'on est tous dans la même galère et cette galère c'est la pauvreté, la condition sociale pauvre.

Je suis un écrivain humaniste. Je n'aime pas les clivages ethniques, je n'aime pas les clivages politiques. J'aime les rencontres des différences autour de cette petite chose qu'est l'être humain, petite chose hein, et qui, lorsqu'on la retoue, lorsqu'on retrouve l'étroitesse de nos vies et puis le ridicule le ridicule de n'être qu'un être humain, on devient humble et par conséquent, on traverse les conneries, on traverse les barrières, on traverse les oppositions, on traverse les violences, pour se retrouver nu devant l'idée de la mort, qui rassemble tous les tous les êtres humains. C'est cela ma conception.

Et pour moi, écrire, c'est toujours un besoin de rechercher l'amour des autres, parce que j'ai dû en manquer, en tous les cas c'est comme ça que je l'explique. La difficulté, c'est que, alors qu'on a envie d'être aimé par tout le monde, le livre nous enferme... m'enferme chaque jour dans le piège de la solitude et dans le piège du narcissisme. Je suis toujours aux aguets de ce qui en moi peut devenir un livre, qui va servir aux autres. Quelle prétention ! Quelle impertinence ! Quelle frime ! Quelle absence de modestie que de vouloir penser que ce qu'on fait peut intéresser les autres ! Et pourquoi vous Monsieur ? Pour qui vous vous prenez ? Ben c'est le risque de (que) court un écrivain, c'est de se croire important.

Est-ce qu'il faut encourager les jeunes à écrire ? Je ne crois pas. Pour écrire, je crois qu'il faut avoir envie. On n'a pas... on n'est pas obligé d'écrire, on a mille autres façons de s'exprimer, on a mille autres façons de dire des mots d'amour au monde qui nous entoure. On a aussi euh la façon... une façon de s'exprimer qui est rester silencieux. Écrire c'est pas la panacée ! On peut pas tous être écrivains. Moi je dis, é- éventuellement à ceux qui ont envie d'écrire, qui veulent devenir écrit-tôt comme moi, que c'est un boulot, c'est pas un talent inné, c'est un travail d'écrire ! Écrire c'est toujours plonger en soi-même et trouver la matière la plus expressive qui soit, pour ajuster ce qu'on ressent avec des mots, ajuster, c'est-à-dire trouver exactement la synchronisation entre ce qu'on ressent, les émotions et ce qu'on écrit, voyez, exactement, trouver la mélodie sur laquelle on peut embarquer euh ce qu'on est, c'est-à-dire ses émotions, l'être humain qu'on est et ça c'est fantastique.

À chaque fois qu'on écrit un livre, m'entendre dire par des milliers de gens que ce livre correspond à ce qu'ils vivent aussi, aux émotions qu'ils ont, aux sentiments qu'ils éprouvent, c'est merveilleux. Parce qu'on a l'impression que c'est nous qui avons construit un bateau sur lequel il y a plein de gens qui montent en disant merci. Ce plaisir-là, quand on a réussi à le trouver et bien c'est un privi- un privilège inouï. Il faut le trouver, il faut travailler. Mais je le répète, ça peut être aussi la peinture, la musique, ça peut être aussi tout simplement euh l'amitié qu'on a avec d'autres, c'est tout.

unité 9 La musique

Séquence 1 - La fête de la musique

Garçon (en polo vert) : Je crois que, officiellement, cette année il y a mille cinq cents euh groupes euh donc que ce soit dans les cafés ou dans la rue (...) aujourd'hui il y a la fête de la musique.

Musicien du groupe Higgins (en T-shirt gris) : C'est hypersympa.

Int. : Vous y allez ?

Deux adolescentes : Oui.

Int. : Qu'est-ce que vous allez voir ?

Adolescente 1 : Ben, on sait pas encore, on va se balader.

Adolescente 2 : On pense aller voir du rap avec des copains.

Int Vous aimez bien le rap ?

Adolescente 1 : Oui.

Int. : Et qui ?

Adolescente 1 : Ben...

Adolescente 2 : MC Solaar.

Adolescente 1 : IAM.

Adolescente 2 : Voilà tout ça quoi.

Adolescente 1 : On aime... on connaît pas beaucoup.

Musicien du groupe Higgins (rouflaquettes et gilet) : Ben le de jouer en plein air, c'est toujours différent quoi euh le son est pas pareil. Mais bon, déjà au niveau de l'espace c'est c'est déjà bien, on respire, c'est mieux quoi c'est...

Int. : Ouais.

Musicien : Ouais, plutôt que d'être dans des petits coins, sur des toutes petites... des petits bouts de scène ou des...

Petit garçon à lunettes : Ben euh je vais me balader jusqu'à minuit.

Musicien du groupe Higgins (rouflaquettes et gilet) : Ben, on fait pas concurrence, on lui rend un petit hommage, mais c'est la rue en plus là.

Italien barbu : Oui, j'y vais à la fête de la musique.

Int. : D'accord et vous allez où ?

Italien barbu : À voir le la musique.

Int. : D'accord et qu'est-ce que ça représente pour vous ?

Italien barbu : C'est un grand moment de solidarité, d'humanité et de fraternité.

Jeune homme (aux cheveux longs) : Oui, alors là vraiment tous styles, rap, raï, funk, dance euh plus... des choses plus classiques.

Int. : Quoi, par exemple ?

Jeune homme : Je sais pas, bon, des chanteurs français, Gainsbourg, Dutronc, Aznavour.

Auvergnat en costume : Parce que c'est l'occasion euh à tous de s'exprimer dans la rue, avec la bénédiction des autorités, puisque pour une fois... on a malheureusement trop l'habitude de comparer la fête de la musique à la fête du bruit et la musique c'est du bruit souvent, paraît-il, mais là, au moins, pour une fois, eh bien tous les Français et puis tous les Parisiens surtout, retrouvent tous les styles, que ce soit du rap, que ce soit du rock, ou nous du folklore comme nous les Auvergnats nous le faisons, par exemple, avec la cabrette, l'accordéon et la vielle.

Int. : Et qu'est-ce que vous faites dans la vie ?

Musicien du groupe Higgins (veste à carreaux) : Des études d'électronique.

Musicien du groupe Higgins : Puis euh Sylvain et Romain, ben ce sont des copains de de Stéphane.

Musicien du groupe Higgins : On commence depuis seulement quelques mois à jouer ensemble.

Musicien du groupe Higgins (en T-shirt gris) : J'ai commencé la basse tout seul et puis euh je suis passé après euh par un... des cours de de basse, parce que c'est vrai la basse c'est un instrument très difficile qu'on peut pas beaucoup... pas énormément jouer tout seul.

Musicien du groupe Higgins (batteur à queue de cheval) : Ouais, parce qu'il y a tellement de styles différents quoi, si on parle du baroque, ou alors de la musique polyphonique de la Renaissance, ou alors si après on parle de jazz, là, tout ce que je viens de vous énumérer c'est de la musique. Mais si on parle de rap, non, pour moi c'est pas de la musique, pour moi, c'est un avis personnel, pour moi c'en est pas quoi. Maintenant bon ben, c'est c'est par rapport à une définition de la musique quoi et et les instincts qu'on peut avoir par rapport à ça quoi.

Deux jeunes filles : C'est génial ouais.

Int. : Pourquoi ?

Jeune fille : Ben y a de la musique partout euh.

Jeune garçon (casquette à l'envers) : *chante rap (incompréhensible)*.

(musique, foule qui écoute)

Jeune garçon (casquette à l'envers) : *chante rap (incompréhensible)* ... respect pour tout le monde ici.

Institutrice : Eh ben, d'abord, c'est l'été euh donc tout le monde dans la rue c'est sympa quoi. C'est vraiment le truc euh qu'on pratique chaque année, avec beaucoup de plaisir, bien sûr.

Int. : Et vous jouez vous-même de la musique ?

Institutrice : Pas du tout, mais (j'ai) beaucoup de plaisir à écouter la musique. Surtout des trucs comme ça, où c'est impromptu, pas tellement les trucs style Bastille, République, etc. organisés. Mais là, des petits groupes... on va aller après derrière, au truc brésilien là, c'est super, chaque année une ambiance folle quoi, on s'amuse.

Int. : Et qu'est-ce que vous pensez de l'enseignement de la musique à l'école ?

Institutrice : Oh ! l'enseignement ! Je suis institutrice en plus et en maternelle. Je chante faux, je ne joue d'aucun instrument et j'aurais tellement envie d'apprendre la musique aux enfants. Hélas ! euh on n'a rien, rien du tout et bon je le dé- je déplore le manque de moyens et de et de compétence... moi, je suis pas compétente, j'enseigne à des enfants mais c'est une catastrophe. Moi, je voudrais qu'on enseigne la musique et le dessin et des tas de trucs aux enfants, avec des gens compétents, des gens qui qui connaissent quelque chose. Moi, je connais rien, j'adore, mais je ne connais... je ne sais pas l'enseigner, c'est regrettable.

Int. : Bonne soirée.

Institutrice : Merci. Au revoir.

Séquence 2 - Le rap en France

Int. : Et pourquoi selon toi MC Solaar a autant de de succès ?

Mathieu : Bon, il a fait une musique assez sympa et donc ça a marché et aussi il a une approche intéressante euh de de de l'écriture euh qui se... qui est un peu dans une tradition de la chanson française, de jeux de mots, de euh de de de calembours, de choses comme ça et je pense que ça ça a aussi bien marché parce que les gens pouvaient euh pouvaient le le le comprendre plus facilement que les discours revendicatifs de banlieue quoi.

Int. : Qu'est-ce qu'amène le rap par rapport à d'autres mouvements musicaux comme le rock, en particulier ?

Mathieu : Ça dép- bon du point de vue euh des paroles évidemment, c'est... c'est très important, puisque c'est... ça ça repose à la base sur la parole, ça repose sur le flot du discours, donc, des gens ont dit que... ça c'était une influence des griots africains, les conteurs euh les choses comme ça... euh d'un point de vue euh bon, ça ça reprend aussi le langage de la rue euh d'un certain point de vue ça donne euh une... l'expression à ceux qui ne l'ont pas, etc., enfin, toutes les choses qu'on dit d'habitude sur le rap. Musicalement euh là où c'est très très nouveau, c'est que ça... c'est une forme de musique qui intègre toutes les autres formes de musique, puisque ça... essentiellement, jusqu'à présent a f- à base de samples, c'est-à-dire de d'échantillons musicaux et donc ça peut intégrer aussi bien euh la musique classique, que du... de la soul, du funk, du hard rock, etc. on peut en prendre un petit bout et l'injecter dans le rap pour le le changer, pour le le travailler différemment. On peut aussi prendre des des éléments, par exemple, de de... urbains, des bruits euh de la ville, etc. et les intégrer dans la musique, bon, tout ça c'est c'est... ça donne une trame assez riche. Justement c'est qu'ils arrivent vraiment à faire rouler, avec MC Solaar aussi, tout le monde disait que la langue française, c'était pas possible de jouer avec, de de la faire rouler, travailler aussi bien que l'anglais et bien, ils prouvent justement qu'on peut très bien travailler avec la langue française, faire des choses aussi intéressantes et et vraiment donner un résultat qui qui qui est très bon quoi.

---

unité 10 L a télévision et la radio

A............ C e qu'ils regardent ....

Int. : Donc, est-ce que vous regardez la télévision ? Quelle chaîne ? Quel type d'émission ?

Karine : Je regarde très peu la télévision étant donné que... qu'il faut que je travaille en dehors des cours. En général, je regarde les informations et j'essaie de regarder les les reportages ou les documentaires.

Anaïck : Je la regarde quand j'ai le temps, en ce moment je n'ai pas trop le temps, mais autrement je la regarde assez souvent, bon environ tous les soirs. Je crois que c'est un peu comme tout le monde euh je regarde un peu toutes sortes d'émissions. Quelquefois on s'assoit juste pour décompresser, on regarde n'importe quoi, mais en général j'aime assez les grands films et euh bon des... quelques comédies qui passent à la télé comme le *Le Cosby Show* ou *Roseanne*, des des trucs où on n'a pas besoin de réfléchir, on rit des des gags qui passent et puis euh c'est juste pour se distraire en fait. J'aime beaucoup aussi les émissions euh comment dire, les documentaires euh comme *Reportages* par exemple euh sur des questions d'actualité, ou des problèmes qui se posent et qui passent pas justement aux informations et qu'on connaît pas particulièrement... voilà.

Maud : Je regarde pas beaucoup la télévision. Disons que, enfin, je regarde surtout les reportages parce que, enfin, ça m'intéresse un peu de de savoir ce qui se passe chez nous et à l'étranger, mais euh sinon... Ou je regarde de temps en temps le soir, quand il y a vraiment un un bon film. Mais c'est rare, non, je suis pas tellement télévision.

Paolo : Toutes les chaînes présentent des émissions intéressantes, mais c'est toujours à des heures tardives, ce qui est pas évident quand on est étudiant, ou quand on travaille, de pouvoir les écouter, c'est quand même dommage.

Hervé : Alors oui, je regarde assez souvent la télévision comme un peu tout le monde euh mais euh j'essaye de faire porter... de porter mes choix sur des émissions plutôt euh disons culturelles, que euh qui sont malheureusement souvent le soir tard, mais voilà. En particulier j'ai un pôle d'intérêt euh très prononcé sur la musique... classique.

Int. : Est-ce qu'il y a une chaîne particulière que vous regardez de préférence ?

Hervé : Euh oui, alors souvent A- les émissions d'Arte sont souvent assez intéressantes, quoiqu'ardues.

Sandra : La chaîne Arte, ben c'est une chaîne euh dite cul- culturelle, mais en fait, dans le mot culturel on voit surtout euh intellectuel, c'est assez dur, c'est lourd, c'est... En fait, pas du tout, il y a des des émissions très intéressantes. Ils font souvent des émissions de musique très très bien, des sagas des des choses comme ça, il y a des films qu'on ne voit pas souvent à la télé qui, eux, passent.

B **Arte**

Séquence 1 - Une chaîne européenne

Olivier-René Veillon : Arte est le fruit d'une vocation politique, celle de la France et de l'Allemagne qui ont souhaité doter l'Europe de références culturelles communes et passer par la télévision pour le faire, en créant une chaîne qui soit financée à parité par la France et par l'Allemagne et dont la vocation soit pleinement européenne.
Arte est une chaîne qui se conçoit comme une chaîne multilingue, parce que l'Europe est multilingue et que progressivement nous devrons nécessairement prendre conscience de la réalité de la diversité des langues en Europe et de la force essentielle qu'a l'Europe dans cette diversité même. Donc, la pluralité des langues doit être un atout dans la conception, dans la production des œuvres qui sont diffusées sur Arte, doit être vécue comme un élément enrichissant de l'offre de programmes d'Arte.

Séquence 2 - La programmation

Il a été demandé à Arte de mettre en œuvre une politique originale en matière de programmation euh consistant donc dans des programmes de... dans des programmes de création et la question s'est posée de trouver une formule de programmation qui soit à la mesure de l'originalité des contenus c'est-à-dire qui n'emprunte pas les formes actuellement dominantes des grands rendez-vous des grilles euh établies sur les chaînes. D'où le principe de de de réorganiser l'offre sur Arte en thèmes, en soirées thématiques. L'originalité d'Arte est liée à la nature de ses programmes, dans la mesure où sa grille est établie, non pas en fonction d'impératifs d'efficacité publicitaire, ce qui est la règle de toutes les grilles existantes des chaînes liées à un financement publicitaire, mais en fonction des contenus qui sont proposés, afin que ceux-ci soient euh en relation avec le public dans les meilleures conditions possibles. Donc euh des des des règles de programmation très différentes de celles qui s'appliquent ailleurs. On trouve sur Arte tous les contenus que l'on peut trouver sur une chaîne généraliste, mais présentés d'une manière différente.

Séquence 3 - L'image d'Arte

Oui, l'image d'Arte est faite à la fois par ceux qui regardent la chaîne et par ceux qui ne la regardent pas. Donc, il est indispensable en termes de communication, de convaincre ceux qui ne regardent pas Arte actuellement et qui en ont une certaine image, que cette image n'est pas la bonne et qu'il y a intérêt à ce qu'ils regardent Arte

pour pouvoir faire évoluer leur perception de la chaîne. Mais, pour qu'ils évoluent dans leur perception de la chaîne, il faut que les à priori tombent, donc nous devons communiquer sur un certain nombre de thèmes qui visent à lever les inhibitions euh d'une certaine partie du public qui malheureusement, actuellement, est est est sensible à ces effets d'image, qui ont tendance à considérer que les programmes d'Arte sont, soit difficiles d'accès, soit réservés à une élite, soit réservés à un public particulier. Donc, on a été obligés de dire, en termes strictement publicitaires, selon les techniques euh habituelles que la publicité utilise, à savoir la forme euh de ce qu'on appelle un témoignage euh par une campagne d'affichage, qui a eu lieu au printemps quatre-vingt-quatorze euh qu'Arte euh était une chaîne disponible, qu'Arte était une chaîne ouverte, qu'Arte était une chaîne qui concernait tout le monde et qu'Arte n'était donc pas euh la chaîne que certains croyaient et c'était indispensable de le dire et de le dire dans ces termes, afin que l'image évolue. L'image a effectivement évolué, dans la mesure où la campagne a été perçue par un Français sur deux, quarante-cinq pour cent très exactement l'ont... ont retenu le message qui était diffusé par la campagne et euh sur ceux qui ont retenu ce message euh on peut espérer qu'il y aura une... un déblocage euh de ces verrous qui, malheureusement, existent encore, puisqu'une partie significative du public de la télévision n'a pas encore rencontré les programmes d'Arte.

C **Ce qu'ils écoutent**

Mathieu : Les gens écoutent la radio dans leur voiture le matin, pour se réveiller, donc, je pense pas que c'est le même contexte, je pense que les gens regardent la télé le soir euh pour se délasser, puis la radio, c'est plus un accompagnement, quand on fait la la cuisine ou la vaisselle ou des choses comme ça, on peut écouter la radio en même temps, tandis que la télé on... enfin les gens que je connais en tout cas, ils regardent vraiment la télé, ou ils mettent pas en fond quoi donc c'est pas la même façon de regarder. Je pense qu'il y a sans doute des gens qui mettent la télé tout le temps, mais je je je j'en connais pas.

Maud : J'écoute la radio toute la journée parce que c'est un besoin. Je je travaille en écoutant la musique aussi hein, parce que j'aime pas avoir du silence autour de moi. Il me faut quand même la musique, en bruit de fond, je crois que... et puis bon, ça fait partie de la culture des jeunes aussi la musique, je crois que... enfin moi, je pourrais pas m'en passer.

Int. : Cela vous aide à vous concentrer ?

Olivier : Ça m'aide pas à me concentrer mais ça, comment dire, ça éloigne un peu les bruits extérieurs, ça ça, je sais pas, ça fait peut-être... ça m'enferme dans un enclos de musique en fait et ça... tout ce qui est extérieur ne ne me gêne plus.

Anaïck : J'écoute surtout euh une émission qui passe, je crois sur Skyrock, une radio qui est assez réputée chez les jeunes euh ici et euh en fait, c'est une émission où les jeunes ont la parole, ils parlent de leurs problèmes et euh de ce qui se passe actuellement, ce qu'ils ont sur le cœur, ce qu'ils ne peuvent pas toujours faire euh dans leur entourage, en fait avec leur entourage et euh il y a un psy qui est là donc, il y a un animateur radio et il y a un psy et bon, ils essaient d'aider euh les jeunes qui ont des questions, des problèmes, ou ils sont prêts à les rappeler après l'émission, pour voir si si ils peuvent faire quelque chose pour eux, ou pour les suivre après dans l'évolution de leurs problèmes.

Hervé : J'ai plus de facilité euh à écouter la la la radio, dans la mesure où euh j'habite chez mes parents et que c'est plus facile de se retrouver dans un coin de la maison avec la radio, que d'allumer la télé et de monopoliser une pièce, qui à priori n'est pas utilisée qu'à ça et euh d- donc moi je j'écoute beaucoup la radio euh France Inter ou France Musique, enfin c'est les radios nationales qui qui sont assez euh disons, en marge du reste de la radio en France depuis quelques années, parce que c'est vrai, quand dans les années quatre-vingts sont apparues toutes les radios libres et et qui ont pris euh toute toute l'avance sur les radios des grandes ondes, comme France Inter... mais euh bon, je préfère ce choix, parce que euh ben, je m'y retrouve mieux euh compte tenu de mes goûts musicaux notamment, ou de mes goûts en matière de d'émissions euh où ils parlent beaucoup de théatre et de choses comme ça, ça j'aime beaucoup.

Emmanuel : Et je préfère regard- écouter la radio ou aller au cinéma beaucoup plus souvent. Pour moi, la radio est euh beaucoup plus instructive, puisqu'on peut avoir une certaine autre activité en même temps euh qui ne... qui ne nous occupe pas forcément l'esprit et on écoute d'une autre d'une autre manière la radio sur des émissions tout à fait intéressantes, qui peuvent être de de tout ordre donc soit littéraires, soit cinématographiques, les émissions humoristiques donc et sur ce point-là euh France Inter, une radio de de Radio France, propose beaucoup de de diversité dans ses programmes et propose, je dirais, un intérêt particulier à être écoutée par les étrangers.

unité 11 · Voyage autour du monde

Pricila : Je viens de faire un long voyage, je suis partie pendant un an, je suis partie de Londres où je suis allée en avion à New Delhi euh j'ai séjourné à peu près euh deux jours, j'ai, entre autres, visité le Taj Mahal. Je suis ensuite partie en bus pour Katmandou, où j'ai passé deux mois, j'ai fait de de longues randonnées dans les Himalaya euh. Je suis repassée en Inde, j'ai séjourné quelque temps à Calcutta où j'ai entre autres travaillé avec la Mère Teresa euh puis j'ai j'ai descendu le l'est la côte est de l'Inde, en passant par le sud, j'ai remonté un petit peu le la côte ouest. De là, je suis partie en avion à Sri Lanka, où euh j'ai passé euh (à peu près) une dizaine de jours. J'ai repris l'avion pour Bangkok, je suis montée dans le nord de la Thaïlande pour faire d'autres randonnées, d'autres marches euh, puis je suis redescendue sur des îles, dans le sud de la Thaïlande, puis en Malaisie sur d'autres îles, j'ai traversé la jungle où j'ai encore fait des randonnées euh. Je suis partie de Singapour en avion, je n'ai passé qu'à peu près deux jours à Singapour pour arriver en Indonésie, que j'ai traversée par Java, puis Bali, puis j'ai pris un bateau de pêche, qui m'a emmenée à l'est de l'Indonésie sur Flores. Euh je suis rentrée sur Bali, où j'ai pris l'avion pour l'Australie euh j'ai travaillé à peu près deux mois à Sydney, puisque je n'avais plus d'argent euh ensuite j'ai pu partir voyager sur la côte est de l'Australie, jusqu'au nord puis je suis après trois mois donc en Australie, je suis partie en Nouvelle-Zélande, où j'ai passé à peu près un mois et ensuite je suis rentrée sur Paris, en passant par Londres et en passant quelques jours à Tahiti et Los Angeles.

Int. : Pricila, qu'est-ce que tu recommanderais à des jeunes qui voudraient euh voyager dans le... de cette façon ?

Pricila : Je recommanderais à des jeunes qui désirent voyager de cette façon, tout d'abord, bien entendu, d'être en règle au niveau médical, avoir fait tous ses vaccins et puis également avoir prévu tous ses visas euh au niveau de l'entrée dans les pays. Ensuite, une des choses les plus importantes, à mon avis, est d'étudier sommairement les règles, les traditions du du pays dans lequel on va, de façon à ne pas commettre d'impairs une fois qu'on est là-bas. Donc, par exemple euh en Inde ou dans certains pays d'Asie, il faut que les femmes s'habillent de façon convenable, ne pas montrer ses jambes, ne pas montrer ses bras, afin de ne pas choquer et aussi afin de d'avoir moins de harcèlement euh et puis, d'un autre côté, je pense qu'il est bien d'avoir des projets tout en se gardant euh un espace de liberté, tout en ayant la possibilité de rester, par exemple, plus longtemps dans un pays si on s'y sent bien, ou dans une ville particulière, ou alors de de quitter un endroit si, en fait, on on y trouve pas tellement d'intérêt.

Int. : Éprouvez-vous des regrets ? Est-ce qu'il y a des choses que que tu as pas faites, que tu aurais aimé faire ? Ou... voilà.

Pricila : J'ai eu des regrets parfois, en particulier, quand j'ai dû quitter certains endroits puisqu'il est vrai qu'il y a des endroits où je me suis sentie très bien et il fallait que je continue mon voyage, que j'aille découvrir d'autres choses. Donc, j'ai pu... j'ai dû quitter des gens, des rencontres que j'ai faites avec des gens locaux, comme par exemple, en en Inde, au Népal, en Indonésie également, j'ai rencontré des des familles qui m'ont invitée chez elles, avec qui je suis restée et euh ça a fait beaucoup de peine de les quitter et puis également rencontre d'autres voyageurs euh quand on est sur la route, on on devient proche très rapidement, en... même parfois en deux ou trois jours et donc, c'est parfois assez difficile de de se quitter après s'être connus si peu de temps. Mais, finalement, une fois qu'on rentre, on peut revoir des gens, en l'occurrence à Londres et à Paris euh j'ai revu des gens que j'avais rencontrés euh pendant mon voyage et on a

pu partager de nouveau les moments exceptionnels qu'on avait vécus là-bas.

Int. : Qu'est-ce qu'on tire d'une expérience comme celle-là ?

Pricila : Ben, on dit toujours que les voyages ouvrent l'esprit et aident à se trouver, en fait, pour moi, c'est devenu une réalité puisque ma vision de la vie a totalement changé. D'abord, j'ai appris à vivre avec l'essentiel, puisque pendant un an, je me suis promenée avec un sac à dos seulement, donc, j'ai réalisé qu'on avait besoin de très peu de choses pour vivre. Je me suis un peu libérée de de de toutes les possessions qu'on a besoin d'avoir en Occident, et euh donc j'ai... maintenant, je me suis aperçue que l'on peut vivre, en fait, très simplement. Et puis, paradoxalement, ce ce voyage m'a aussi renvoyé un peu à mes racines. Mm avant de partir, je vivais... j'ai... en Angleterre, j'ai vécu en Angleterre pendant trois ans et je ne pensais pas retourner en France et, en fait, après euh avoir découvert d'autres cultures, j'ai su mieux apprécier ma culture donc, la culture française et maintenant, j'ai finalement décidé de de rentrer pour de bon. Donc, ça m'a fait voir les les choses d'une façon euh très différente et j'ai pu prendre une distance et mieux apprécier les choses.

unité 12 Les vacances

Séquence 1 - Les vacances, ça évoque...

Int. : Et les vacances ?

Patrice : J'en prends très peu. En général je m'ennuie pendant les vacances.

Maud : Les vacances, pour moi c'est la fin des cours surtout et euh fff ben, les vacances, c'est des voyages, c'est euh la liberté, en fait, on a tout... on fait tout ce qu'on peut pas faire forcément pendant l'année scolaire, parce qu'on a des des contraintes, on a le travail, on a des... enfin, on peut pas sortir tous les soirs par exemple, alors que pendant les vacances on se laisse un peu aller euh on n'a pas d'horaires à respecter, on fait un peu ce qu'on veut et ça c'est bien, puis on a la possibilité aussi de de bouger beaucoup et voilà c'est je crois que c'est le principal.

Paolo : Les vacances ? Le repos euh pouvoir faire des choses qu'on ne peut pas faire durant l'année c'est-à-dire visiter les... visiter les les différents pays, prendre son temps pour être avec les gens, euh faire des activités qu'on pouvait pas faire c'est, c'est en fait, les vacances c'est ce qui change par rapport au à au courant de l'année, c'est qu'on a beaucoup plus de temps libre.

Vanessa : Alors, le mot vacances évoque pour moi le soleil, le calme surtout le repos euh et se divertir, se divertir, se divertir, parce que j'estime qu'on travaille assez durant l'année pour avoir deux bons mois de vacances et euh c'est bien de pas travailler pendant ces deux mois pour une fois et euh pendant les vacances, comme... vu que maintenant je suis à la fac, j'ai euh trois mois donc je consacre deux mois à à m'amuser, et un mois à gagner de l'argent pour euh commencer l'année.

Nedjma : Les vacances euh ça évoque euh ça évoque euh la fête, l'amusement euh les sorties euh le dépaysement, enfin les con- les connaissances euh la plage, enfin tout ce qui va avec.

Odette : Le mot vacances, ça évoque surtout les retrouvailles avec la famille euh qui habite au Portugal donc, c'est aussi le soleil euh c'est le le calme, la détente, c'est euh c'est les rires, c'est euh les soirées à n'en plus finir, c'est euh la danse, c'est euh c'est les fêtes, enfin c'est c'est c'est des tas de choses indescriptibles, enfin c'est...

Ramata : Ça évo-, les vacances évoquent surtout euh ben la liberté de faire ce qu'on veut, ce qu'on n'a pas le temps de faire euh en temps ordinaire euh ça évoque le soleil, la plage euh c'est ça la détente surtout.

Audrey : Découverte. Repos euh. Changement d'ambiance, ch- changement de rythme. Cette année, je suis partie en Turquie durant trois semaines et euh ça m'a fait un bien fou. C'était vraiment euh une expérience très agréable, j'ai rencontré des gens fabuleux, j'ai pu me familiariser également à la sonorité de la langue, je l'ai trouvée très jolie, j'aimerais d'ailleurs euh commencer à à m'y familiariser d'un peu plus près et euh...

Séquence 2 - Découvrir la France

Int. : Quelle région de France conseillez-vous à des étudiants étrangers ?

Anaïck : Euh à des étudiants étrangers, je conseillerais toute la France, en fait, parce que la France ça a tellement de de régions différentes et c'est vrai, la Bretagne que ce..., oui que ce soit la Bretagne, les Alpes, ou les Pyrénées, ou le Massif Central, ou Paris c'est... y en a pour tous les goûts en fait et je crois qu'il faut tout découvrir, tout découvrir.

Karine : Donc, je conseillerais à un étranger euh la Bretagne, y a beaucoup de choses à visiter, l'Alsace qui est qui est une région assez belle, sinon euh les Pyrénées c'est bien et l'Auvergne, j'aime beaucoup l'Auvergne personnellement, mais il faut aimer la randonnée pour ce qui est de l'Auvergne ou des Pyrénées, faut aimer la randonnée, marcher donc c'est peut-être pour d'autres personnes. Paris aussi bien sûr, parce que bon y a beaucoup de choses à voir, y a des musées, y a des...

Odette : Moi je je leur conseillerais de de fuir un petit peu les endroits trop touristiques euh où euh où les plages sont bondées, enfin c'est c'est vraiment l'horreur. Donc, je leur conseillerais plutôt de de de faire un tour de France, s'ils en ont les moyens bien sûr et le temps et euh moi je leur conseillerais plutôt la région de de Nîmes et de Montpellier

Éric : Bon, le Midi de la France euh c'est... bon, faut aimer l'ambiance, c'est pas très... c'est pas une ambiance euh de France profonde c'est... je sais comment ça se passe, c'est quand même assez euh assez friqué donc, dans ce cas-là, c'est c'est un monde assez artificiel, donc le Midi de la France, c'est pas trop ça... Sinon, y a tout ce qui est bon les Landes, c'est côte océan, de l'océan Atlantique, ben là, y a plein de tr- le camping tout ça, là, c'est assez sympa euh j'aime beaucoup aller dans ce coin-là. Sinon, y a aussi plus dans le Centre, vers le Massif Central, tout ce qui est la région, le Lot, Lot-et-Garonne, là, c'est plus des vacances pépère, à la campagne euh ou les balades en vélo, tout ça, là, c'est assez sympa. Bon, y a... euh pour loger, y a tout ce qui est gîte euh tout ça, bon ça, y en a un peu partout en France, hein, ça ça se trouve assez facilement.

Hervé G. : Le plus important c'est de trouver des correspondants, car c'est plus facile déjà pour loger et puis, lorsqu'on a un correspondant, il peut faire visiter la ville, même le le pays, donc, c'est c'est beaucoup plus, beaucoup plus facile, que d'être déjà tout seul euh ça ne m'est pas arrivé d'être tout seul dans un dans un pays, mais ça doit pas être très amusant et puis en plus, on peut être perdu, dépaysé et le fait de trouver un correspondant c'est c'est la m- le meilleur moyen.

Odette : En tant que que jeunes, on a tous les les mêmes besoins euh les mêmes désirs, y a quand même... enfin, les différences culturelles ne sont pas si grandes à cet âge-là donc toute chose est bonne à découvrir.

INDEX GRAMMATICAL

* Se reporter aux unités du livre. / ** Se reporter aux autocorrections.

Imprimé en France par I.M.E. - 25110 Baume-les-Dames
Dépôt légal : août 1999 - N° Éditeur : 4724
N° d'imprimeur : 13551